Laufend was erlebt

Auf der Suche nach dem besonderen Lauf

Frank Pachura

Frank Pachura,
»Laufend was erlebt – Auf der Suche nach dem besonderen Lauf«
Texte: © Copyright by Frank Pachura
Satz: Katharina Schwär
Umschlagfoto: Wolfgang Steeg
Illustrationen: Tom Janas von Sportograf.com, Heinz-Jürgen Visser, das Team der JVA Darmstadt, Wolfgang Steeg von Catfun-Foto.de, Thorsten Holler von Eventfotografie24.de, Sabine Siefert, Daniela Zuschlag und Marion Fladda

Verlag: Frank Pachura
frank@laufen-in-dortmund.de
Druck: epubli ein Service der neopubli GmbH, Berlin

ISBN 978-3-95645-294-9

Inhalt

Startschuss ... 7

Highway to green hell ... 11

Über 88 Brücken musst du geh'n ... 25

169 Runden mit Barbra Streisand ... 35

42,195 Kilometer ohne Bewährung ... 51

Glück auf, Glück auf, die Steigung kommt ... 71

Von einem, der loslief, das Fürchten zu lernen ... 89

Drei auf einen Streich ... 103

Vom Winde föhrweht ... 129

Ooooh... ein Verpflegungsstand ... 149

Von Mama zu Mama ... 167

Marathonis, rührt euch! ... 195

Immer mit der Ruhr ... 207

Ziellinie ... 243

Startschuss

»Ich laufe nicht fürs Ergebnis sondern fürs Erlebnis« hat ein Lauffreund von uns auf seinem Laufshirt stehen. Dieses Motto könnte auch meins sein. Hier und da versuche ich mal, nach der Uhr zu laufen oder einen Marathon »unter vier« zu schaffen. Aber meistens steht die Zeit bei mir im Hintergrund.

Seit Anfang der 2000er Jahre bezeichne ich mich als Laufsportler. Recht schnell lief ich damals meinen ersten Marathon. Ein paar Jahre später folgte der erste 50-Kilometer-Ultramarathon, und immer schön norm- und DIN-gerecht. So wie es die meisten Trainingspläne vorschreiben, lief ich einen Marathon im Frühjahr, einen im Herbst und vielleicht noch mal einen dazwischen. Dabei versuchte ich, möglichst schnell zu sein und hatte während des gesamten Laufs meinen Blick auf der Uhr. So kamen zwei oder drei Marathons und später auch Ultras pro Jahr zusammen, die von mir alle mit entsprechender Vor- und Nachbereitung durchgeführt wurden. Zwischen diesen langen Läufen lagen dann ab und zu ein paar 10er oder 15er, bei denen ich ebenfalls versuchte, gute Zeiten zu laufen.

Nach einiger Zeit stellte ich jedoch fest, dass ich für richtig gute Zeiten nicht gemacht bin. Auch mit noch so viel Training und Einsatz kam ich über ein bestimmtes Level nicht hinaus. Da fehlen mir einfach ein paar körperliche Voraussetzungen.

Seit einigen Jahren habe ich nun mein Laufverhalten geändert. Anstatt bei Laufevents auf die Uhr zu schauen, versuche ich möglichst viel vom Umfeld, von der meist schönen Stimmung am Streckenrand oder von der Landschaft mitzubekommen. Dies hat den Vorteil, dass ich meistens glücklich und zufrieden wenn auch erschöpft im Ziel ankomme. Ein weiterer positiver Aspekt ist, dass ich durch meine Art, den Laufsport auszuleben, viel öfter an längeren Laufevents teilnehmen kann. Durch die gesteigerte Häufigkeit habe ich mich in den letzten Jahren daran gewöhnt, immer mehr, immer öfter und immer weiter laufen zu können, so dass es inzwischen »normal« für mich ist, bis zu 30 Marathons oder Ultramarathons pro Jahr zu laufen. Unter Umständen sogar auch mal mehr.

Mittlerweile bin ich mehr als 100 Marathons oder Ultramarathons gelaufen und werde nicht müde, diese Zahl weiter zu steigern. Das Laufen ist für mich nicht nur Sport sondern eine Lebenseinstellung geworden. Das funktioniert natürlich nur, wenn die Partnerin das Ganze mitlebt. Ich bin meiner Marion sehr dankbar dafür, dass wir gemeinsam durch unser Leben laufen. Dass wir an Wochenenden morgens um 5 Uhr aufstehen und zu irgendwelchen Laufveranstaltungen fahren. Dass wir oft gemeinsam an Startlinien stehen und nachher mit alkoholfreiem Bier auf unser Erlebnis anstoßen. Dass sie mich bei den ganz verrückten Läufen unterstützt und manchen Quatsch mitmacht, den man einem nicht laufenden Mitmenschen gar nicht erklären kann.

Genauso dankbar bin ich für meine zwei wunderbaren Töchter Lena und Marie, die oft die Augen verdrehen, wenn ich von meinen Laufabenteuern berichte, die mich aber mein Laufleben ausleben lassen.

Mit meinen Geschichten möchte ich aus unserem Leben erzählen. Von unseren Erlebnissen bei ganz besonderen

Laufveranstaltungen, die entweder an außergewöhnlichen Orten stattfinden oder die durch ihre Länge zu ungewöhnlichen Abenteuern werden. Von kleinen Problemen, die jeder Laufsportler zur Genüge kennt. Ich möchte den »braunen« Faden wieder aufnehmen, durch den bereits in »Laufend durchs Revier« der Begriff »Pfostenkacker« geprägt wurde, denn dieses Thema ist und bleibt etwas, dass zumindest bei mir unweigerlich mit dem Laufsport verwoben ist. Dennoch oder vielleicht auch gerade darum… Laufen ist etwas Wunderbares, etwas ganz Einfaches und Natürliches. Aber auch etwas ganz Spannendes und immer wieder Neues. Laufen ist unser Leben.

Ich möchte mich bei den Laufveranstaltern dafür bedanken, dass sie so tolle und außergewöhnliche Laufevents ins Leben gerufen haben. Bei den vielen Hobby- und Profifotografen, die uns schöne Bilder nicht nur für dieses Buch zur Verfügung gestellt haben. Und bei den vielen lieben Menschen, die wir durch unseren Sport kennengelernt haben. Sie sind ein großer Bestandteil unseres Lebens, in dem sich fast alles um das Laufen dreht.

Namentlich bedanken möchte ich mich bei Tom Janas von Sportograf.com, bei Heinz-Jürgen Visser, beim Team der JVA Darmstadt, bei Claudia und Detlef Harkenbusch vom FotoTeam-Hamm.de, bei Wolfgang Steeg von Catfun-Foto.de, bei Thorsten Holler von Eventfotografie24.de, bei Sabine Siefert und bei Daniela Zuschlag für das Bereitstellen der tollen Fotos für dieses Buch.

Und nun wünsche ich ganz viel Spaß beim Lesen und Miterleben unserer Laufabenteuer.

Highway to green hell

Es ist Sonntagnachmittag. Ich liege nach getaner »Arbeit« auf der Couch und döse vor mich hin. Heute Morgen haben wir bereits unsere Morgenrunde im Wald gedreht, danach lecker Mittag gegessen und nun ist Gemütlichkeit angesagt. Der Fernseher ist eingeschaltet und gleich beginnt die Live-Übertragung der Formel Eins. Die Rennfahrer drehen heute ihre Runden in der Eifel, genauer gesagt auf dem Nürburgring, denn der »Große Preis von Deutschland« wird dort ausgefahren. Der Moderator erzählt etwas vom gestrigen Qualifying und vom heutigen Warm up und Niki Lauda gibt seinen Senf dazu.

Ich bin zwar kein großer Motorsportfan, doch die Formel Eins übt trotzdem einen starken Reiz auf mich aus. Wahrscheinlich ist der Grund dafür die starke Präsenz in den Medien und das frühere Brimborium um Michael Schuhmacher. Schumi hat dafür gesorgt, dass sonntags Millionen von Zuschauern vor den Fernsehern sitzen und mit ihm mitfiebern, wenn er um WM-Punkte und riesige Champagnerflaschen kämpfte. Und heute hat Sebastian Vettel diesen Job übernommen.

Nun liege ich vom Laufen und Essen müde auf der Couch, döse vor mich hin und höre mit geschlossenen Augen dem Fernseher zu. Gleich geht es los. Marion wurschtelt noch in der Wohnung herum und legt sich dann neben mich aufs Sofa.

14 Uhr. Die Motoren heulen auf. Das Rennen beginnt. Der Krach lässt mich die Augen wieder öffnen und ich ver-

folge schlaftrunken den gelungenen Start von Rubens Barrichello, der jetzt am Anfang des Rennens erst einmal die Führung übernimmt. So richtig bin ich aber nicht bei der Sache. Die letzte Woche war arbeitsreich, der Lauf heute Morgen anstrengend und das Essen zu gut. Marion ist bereits im Reich der Träume und ich döse auch langsam wieder ein. Das eintönige Motorengejaule und Gebrumme der TV-Übertragung vom Nürburgring hat wohl irgendwie eine hypnotische, entspannende Wirkung, jedenfalls auf mich.

Als ich irgendwann wieder wach werde, stelle ich fest, dass wir das komplette Autorennen verschlafen haben. Es ist schon später Nachmittag und ich versuche bei einer Tasse Kaffee im Internet herauszufinden, wer das Rennen denn nun gewonnen hat. Die Fernsehübertragung ist längst vorbei.

Google liefert Millionen von Suchergebnissen, aber eins der Ersten ist »Rad und Run am Ring«. Was ist das denn? Ein Run am Ring? Am Nürburgring? Ein Lauf auf der Autorennstrecke? Ich bin sofort hellwach und klicke mich durch die Internetseite. Sie weckt große Lust auf die Veranstaltung und ich bin direkt Feuer und Flamme. Die Suche nach den heutigen Ergebnissen habe ich augenblicklich vergessen. Ein Laufwettkampf auf dem Nürburgring. Da müssen wir hin.

Marion muss ich zum Glück nicht lange überreden. Für solche außergewöhnlichen Läufe ist sie immer zu haben und so schreiben wir uns das Datum des Nürburgringlaufs in unseren Kalender für das nächste Jahr. Auf Schumis Reifenspuren zu laufen ist schon wirklich etwas Besonderes.

Einige Zeit später ist die Online-Anmeldung geöffnet und wir brauchen nicht mehr lange zu überlegen. Wir sind dabei.

In den letzten Tagen vor dem großen Event besuchen wir öfter die Internetseite des Nürburgringlaufs. Es ist scheinbar ein großes Wochenendevent mit unserer Laufveranstaltung über verschiedene Distanzen und mehreren Radrennen, unter anderem einem 24-Stunden-Rennen. Wir haben uns für die längste Laufdistanz entschieden: dem gut 24 Kilometer langen Lauf auf der Grand-Prix-Strecke und der Nordschleife, der Grünen Hölle.

Über die berüchtigte Nordschleife habe ich schon viel gehört: Hier werden heute keine Formel Eins Rennen mehr ausgetragen. Dafür wurde die 4,5 Kilometer lange Grand-Prix-Strecke gebaut. Auf der Nordschleife werden dagegen andere Rennen wie zum Beispiel das berühmte ADAC-Zurich 24-Stunden-Rennen oder der VLN-Cup ausgetragen.

Die Anlage wurde bereits Anfang des letzten Jahrhunderts im Auftrag von Kaiser Wilhelm II. in der Eifel geplant, da man erkannt hatte, dass die populär werdenden Autorennen auf normalen Verkehrsstraßen viel zu gefährlich waren. Anfangs gab es noch Verzögerungen, doch dann wurde die Rennstrecke endlich im Jahr 1927 nach zweijähriger Bauzeit eröffnet.

Man benötigte eine Strecke, auf der auch die Autohersteller ihre Fahrzeuge möglichst wirklichkeitsnah testen konnten. Alle möglichen Situationen, die im Straßenverkehr vorkommen könnten, wurden nachgebaut. So gibt es mehr oder weniger starke Steigungen und Gefälle, Steilkurven, enge und weite Bögen und eine mehrere Kilometer lange Zielgerade. Eine Voraussetzung war, dass die Teststrecke nicht mit dem normalen Straßenverkehr in Verbindung steht. Das hat man gut verwirklicht, obwohl innerhalb des Rings vier Ortschaften eingeschlossen sind. Zu ihnen gelangt man nur durch wenige Unterführungen unterhalb der Rennstrecke.

Dann ist der Tag endlich gekommen. Wir stehen um 4 Uhr morgens auf und machen uns fertig. Unser Start ist zwar erst um 8:45 Uhr, aber wir müssen vorher noch gut 200 Kilometer zurücklegen. Als wir starten, ist es noch dunkel, doch nach kurzer Zeit fahren wir schon durch die Morgendämmerung über die Autobahn. Es ist ziemlich leer und ich kann zügig fahren. Während ich so vor mich hin brause, meine Sitzlehne etwas nach hinten verstellt habe und mit ausgestreckten Armen hinter dem Lenkrad sitze, träume ich von der Formel Eins, von Schumi, von Siegerehrungen und von Schampusduschen. Ich bin total gespannt darauf, was uns gleich erwartet. Zum Glück schläft Marion recht tief neben mir und merkt nicht, dass ich beim Autobahnwechsel die eine oder andere Kurve etwas zu schnell nehme. Auch das Aufheulen der Motoren aus den Fernsehübertragungen kann ich mit dem Mund total naturgetreu nachahmen.

Irgendwann schickt uns unser Navi Doris von der Autobahn runter und dann geht es noch einige Kilometer durch die grün bewaldete Eifel. Einige Motorradfahrer jagen an uns vorbei, oft ziemlich halsbrecherisch. Anscheinend bin ich nicht der Einzige, der hier so früh am Morgen in der Nähe des Nürburgrings Rennträume hat.

Als wir am Nürburgring ankommen, sehen wir schon von weitem die riesigen Tribünen und futuristischen Renngebäude. Sie sind alle in metallischem Grau gehalten und beeindrucken besonders mich. Für Marion sind es wohl nur Gebäude, die zwar relativ modern aussehen, aber mehr auch nicht. Der Rennfunken springt bei ihr nicht so richtig über.

Als wir vom Parkplatz in Richtung der großen Gebäude gehen, kann ich mir ein mehrfaches »Boah!« nicht verkneifen. Die Anlage ist total imposant. Wir schauen auf die riesigen Tribünen und auf eine Achterbahn, die hier neu aufgebaut worden ist. Hier am Nürburgring will man wohl nicht nur Autorennen genießen. Eine große Freizeit-Area ist im Projekt »Nürburgring 2009« verwirklicht worden. Es gibt eine Party-Meile, einen Shoppingbereich und mehrere Eventhallen. Die schon erwähnte Achterbahn ist der ring°racer, der die Fahrgäste auf über 200 km/h beschleunigt. Rennfahrerfeeling soll so auch für die Gäste nachvollziehbar sein.

Während wir über einen Treppenaufgang zur großen Tribüne gehen, unter der es unsere Startunterlagen gibt, komme ich aus dem Staunen nicht mehr heraus. Zu gewaltig und futuristisch erscheint mir hier alles. Alle paar Meter möchte ich stehen bleiben und ein Foto schießen. Die modernen Gebäude, die Achterbahn und selbst der Schriftzug »Nürburgring« müssen verewigt werden. Marion wartet geduldig, bis ich jeden Winkel und jede Ansicht mit unserer Kamera festgehalten habe. Ich genieße es jetzt hier schon sehr. Wie soll das denn erst gleich auf der Rennstrecke werden?

Unter einer der großen Tribünen finden wir eine Halle, in der sich die Startunterlagenausgabe befindet. Lange Schlangen stehen davor. Nachdem wir uns etwas orientiert und unsere mindestens 20 Meter lange Warteschlange entdeckt haben, stellen wir uns erst einmal brav an. Aber es geht zügiger als erwartet und schnell halten wir unsere Startnummern in den Händen.

Wir befestigen sie an unseren Nummernbändern und dann machen wir uns auf den Weg zum Start. Dieser befindet sich direkt vor der Tribüne in der Boxengasse. Auf dem Weg dorthin entdecke ich immer neue Ansichten der Rennanlage und dies steigert meine Euphorie und meine Fotografierlust noch mehr.

Dann sind wir endlich im Startblock, direkt an der Boxengasse. Tausende von Laufsportlern warten hier bereits darauf, loslaufen zu dürfen. Aber ein paar Minuten haben wir noch und so genieße ich die tolle Atmosphäre. Die riesigen, leider im Moment leeren Tribünen, die autorenntypischen Schriftzüge von Reifenherstellern und Öllieferanten an Werbebannern, die man aus dem Fernsehen kennt, in den Kurven die rotweißen Randstreifen, unter den Schuhen der Asphalt verziert mit Reifenspuren der letzten Rennen… alles das zusammen erzeugt eine ungekannte Nervosität in mir, über die Marion nur lächeln kann. Sie scheint das Ganze irgendwie nicht annähernd so zu berühren wie mich.

Der Startschuss fällt. Langsam setzt sich das Feld zu »Highway to hell« von AC/DC in Bewegung. Ganz anders als beim Autorennen, wo alle Starter mit durchdrehenden Reifen davonjagen und manchmal schon nach wenigen Metern die ersten Karambolagen verursachen. Wir Läufer machen so einen Start viel zivilisierter. Da wird niemand abgedrängt. Da kämpft niemand darum, möglichst gut weg zu kommen. Das Rennen ist lang genug. Niemand muss direkt am Start in Führung gehen und so seine gute Position sichern. Im Gegenteil. Als Führender kann man sich auch schnell »tot« laufen und die Nachfolgenden lachen sich dann ins Fäustchen oder besser gesagt ins Füßchen.

Wir traben los. Nach einigen hundert Metern ist es nicht mehr ganz so eng, aber wir haben noch nicht das Gefühl, dass wir richtig Platz haben. Die Läufermenge ist so groß, dass sich das Feld zwar in die Länge zieht, aber trotzdem noch eine lange, durchgehende Schlange aus bunten Laufsportlern bildet.

Wir drehen nun die ersten Schleifen auf der Grand-Prix-Strecke. Hier stehen unzählbare Radsportler mit ihren

Teams, Helfern, Familien und Freunden am Streckenrand und feuern uns an. Nach unserem Lauf werden sie sich auf die Rennstrecke begeben. Aber noch gehört der Nürburgring uns Läufern allein.

An mehreren Stellen hören wir »Highway to hell« aus den Radfahrer-Zelten. Das scheint die Hymne dieser Veranstaltung zu sein. Die grüne Hölle. Wir werden sie nun bezwingen.

Das Klatschen und Anfeuern der Radsportler treibt uns voran und so laufen wir auf der Rennstrecke weiter, immer die großen Tribünen im Auge. Das ist wirklich eine ganz außergewöhnliche Atmosphäre und ich genieße das beeindruckende Bild. Marion konzentriert sich dagegen mehr auf ihren Lauf. Sie schaut vor sich auf die Straße und trabt in gleichmäßigem Tempo die Strecke entlang.

Wir wollen ja eigentlich zusammen laufen. Aber da ich laufend stehen bleibe, um Fotos zu machen, habe ich schon hier nach wenigen Minuten das Gefühl, dass ich im Gegensatz zu Marion eher ein Intervalltraining mache. Nach jedem Foto muss ich einen Sprint einlegen, um wieder an sie heran zu kommen. Aber das wird gleich besser. Ich werde ja wohl nicht die ganze Strecke über so viel fotografieren?

Nach wenigen Kilometern kommt bereits der erste Verpflegungsstand. Boxenstopp. Wir trinken einen Schluck Wasser und dann geht es weiter. Hier gabelt sich die Strecke. Die Grand-Prix-Strecke biegt nach rechts ab, die Nordschleife nach links. Nun befinden wir uns wirklich in der grünen Hölle. Die Strecke verläuft leicht wellig in stetigem Auf und Ab. Auf beiden Seiten der Rennstrecke befindet sich wilder grüner Bewuchs: Bäume, Sträucher und Gebüsch. Nur selten kann man mal weiter in die Ferne sehen, aber wenn, dann bekommt man einen Eindruck davon, wie hoch wir uns auf einem Bergrücken befinden. Die Fernsicht ist grandios.

Wir laufen weiter. In unregelmäßigen Abständen stehen am Streckenrand Schilder mit den Namen der Streckenabschnitte. Gerade laufen wir an der Quiddelbacher Höhe vorbei. Alles Namen, die man schon mal irgendwo gehört hat. Aber nun bekommen sie eine neue Bedeutung, denn so nah und intensiv lernt man sie nur zu Fuß kennen.

Es geht immer weiter, Kurven nach links und rechts, immer wieder rauf und runter. Die Steigungen und Gefällestücke sind nicht zu unterschätzen. Einige sind so steil, dass der ein oder andere Läufer hier bereits hinauf geht und nicht läuft. Einige der Geher, die wir gerade überholen, tragen Shirts mit dem Aufdruck der Nürburgringlauf-Veteranen. Sie haben schon an allen Läufen bisher teilgenommen, seit drei Jahrzehnten sind sie dabei. Sie haben also auf jeden Fall Erfahrung mit dieser Strecke und sie gehen die steilen Stücke hinauf. Sollte uns das etwa zu denken geben? Ich glaube, nein. Denn Marion läuft weiter in ihrem Tempo und lässt sich von den Anstiegen gar nicht beeindrucken. Ich merke dagegen schon das ewige Stehenbleiben, kurz fotografieren und wieder schnell aufschließen.

Obwohl einige zwar steile aber kürzere Anstiege dabei sind, geht es im Großen und Ganzen doch stetig bergab. 300 Höhenmeter geht es auf den ersten sieben Kilometern der grünen Hölle insgesamt nach unten. Marion lässt auf den Gefällestücken ganz schön die Fetzen fliegen. Sie wird immer wieder richtig schnell und ich habe Mühe, an ihr dran zu bleiben. Ich laufe sonst bergab nicht so schnell. Das merke ich normalerweise sofort in meinen Oberschenkeln. Normalerweise ist gut… auch jetzt brennen meine Beine schon ordentlich. Doch ich versuche, weiter an Marion dran zu bleiben. Schließlich bin ich hier der Motorsport-Fan.

Am Streckenabschnitt Breidscheid sind wir am tiefsten Punkt der Strecke angekommen. Wir laufen an einer Geschwindigkeitsanzeige vorbei. Hier werden wohl sonst hohe, dreistellige Zahlen angezeigt. Uns zeigt das Gerät ein Tempo von 11 km/h an. Ich wundere mich darüber, dass das Messgerät überhaupt auf uns Läufer reagiert, da sind wir auch schon daran vorbei. Von nun an geht es die nächsten fünf Kilometer stetig bergauf bis auf den zweithöchsten Punkt der Nordschleife: der Hohen Acht. Und hier gebe ich inzwischen alles, um an Marion dran zu bleiben. Sie scheint immer noch mühelos die Anstiege zu nehmen. In gleichmäßigem Tempo läuft sie vor mir her und ich kämpfe inzwischen richtig mit meinen Oberschenkeln. Sie wollen nicht mehr. Das ewige Rauf und Runter, die vielen Fotopausen und das schnelle wieder Aufschließen haben mich geschafft. Ich bin alle.

Langsam entsteht eine Lücke zwischen uns, die ich nun nicht mehr schließen kann. Marion dreht sich mit einem fragenden Blick zu mir um. »Ja, ich bin kaputt. Meine Beine wollen nicht mehr«, antworte ich ihr ohne zu sprechen. Sie sieht es mir aber wohl an, dass ich fertig bin, denn sie verringert ihre Geschwindigkeit und lässt mich wieder rankommen. Marion möchte aber gerne in ihrem Tempo weiterlaufen, denn sie fühlt sich wirklich noch gut. Also verabschieden wir uns hier vor dem Karussell, der bekannten Steilkurve.

Marion läuft langsam davon und ich kann nun so richtig in mich hinein leiden. Ich jammere still vor mich hin und verfluche den Tag, an dem ich auf die blöde Idee kam, an diesem Lauf teilzunehmen. So ein Blödsinn. Hier fahren normalerweise Rennwagen über die Piste. Mit zwei- oder dreihundert Kilometern pro Stunde. Und ich Ochse kämpfe mich hier zu Fuß über die Berge der Eifel. Ich kann nicht mehr.

Kurz vor der Hohen Acht ist das steilste Stück der Strecke, hier beträgt die Steigung 17 Prozent und die merke ich jetzt so richtig. Jedes verdammte einzelne Prozent. Wie kann Marion noch so kraftvoll laufen? Ab und zu kann ich sie noch in der Ferne sehen. Sie hat schon ein paar hundert Meter Abstand und läuft immer noch locker weiter. Zumindest sieht es für mich so aus.

Langsam weiß ich nicht mehr weiter. Ich könnte mich an den Streckenrand setzen und weinen. Oder ich könnte auf ein Taxi warten. Oder vielleicht nimmt mich nachher ein Radfahrer auf seinem Gepäckträger mit. Ich weiß es nicht. Ich weiß gar nichts mehr. Ich bin einfach nur noch fertig.

Aber ich laufe noch. Zwar langsam, aber ich bewege mich noch. Also komme ich dem Ziel auch noch irgendwie näher, wenn auch im Tempo einer Rennschnecke.

Was ich nun bräuchte, wäre ein richtiger Boxenstopp. So wie bei Schumi. Ich bekäme mal eben neue Beine eingehängt. Mit neuem Profil und neuem Grip. Ich würde in Sekunden vollgetankt, mit einer hoch konzentrierten Spezialmischung nach einem besonderen Geheimrezept. Ich würde in meine Box laufen, mein Team würde mir einen Stuhl unterschieben, ähnlich dem Untersuchungsstuhl eines Gynäkologen. Ich fiele nach hinten auf den Stuhl und meine Beine wären nach vorne auseinander gespreizt. Und mein Team könnte rasant arbeiten: Mal eben neue Beine einhängen. Zwei Mechaniker stehen mit Elektroschraubern an meinen Hüften und befestigen sie. Dabei hört man die Schrauber aufheulen. Ein Helfer mit einem riesigen Helm schiebt mir einen Schlauch in den Rachen und betankt mich mit Hochdruck mit einer pürierten Banane. Jemand hält mir ein Schild vor das Gesicht, dreht es dann schließlich um und ich lese »Lauf, du Sau.« Das ist das Zeichen. Ich laufe wieder los. Mit neuen Beinen und mit neuer Energie. Das Ganze hat nur acht Komma drei Sekunden gedauert. Ein neuer Teamrekord. Ich fädele mich wieder auf der Strecke ein und… ich glaube, ich drehe jetzt langsam durch. Was ein Blödsinn.

Marion ist nur noch auf den geraderen Stücken in der Ferne zu erkennen. Ich kämpfe mich mit schmerzenden Oberschenkeln weiter und komme dann endlich an der Hohen Acht an. Alter Schwede. Der Nürburgringlauf ist *nur* gut 24 Kilometer lang, braucht sich aber vor keinem Stadtmarathon zu verstecken. Mir brennen inzwischen sämtliche Bauteile meines Laufwerks.

Es folgen noch einige wellige Kurven und dann bin ich endlich auf der Zielgeraden. Sie ist drei Kilometer lang und im wirklichen Leben geben die Rennwagen hier noch mal alles, was sie können. Nur eine letzte Steigung trennt mich noch von der Grand-Prix-Strecke und vom dort liegenden Ziel in der Boxengasse. Ich kann den Anstieg schon in der Ferne sehen, aber irgendwie kommt er gar nicht näher. Die Dimensionen dieser Strecke sind eben auf Geschwindigkeiten von 300 Kilometern pro Stunde ausgerichtet und nicht auf elf. Und selbst die habe ich auch schon lange nicht mehr auf dem Tacho. Ich döse nur noch vor mich hin, bin mit meinen Gedanken irgendwo im Rennfahrerhimmel bei Schumi, Niki Lauda und Lightning McQueen. Ich weiß nichts mehr. Den letzten funktionierenden Rest meines Hirns schafft jetzt noch die Sonne, die inzwischen vom blauen Himmel brennt. Ich eiere weiter die letzte Steigung hinauf. Dann höre ich die Lautsprecherstimme des Zielsprechers und die Boxengasse kommt in Sicht. Aber das Ganze berührt mich überhaupt nicht mehr. Ich laufe einfach weiter. Und weiter. Und weiter. Und dann bin ich einfach da. Angekommen. Ein Fotograf sitzt direkt vor mir und fotografiert mich. Ich stolpere über ihn drüber und entdecke hinter ihm Marion, die schon sehnsüchtig auf mich wartet. Ich begrüße sie, nehme sie an die Hand und ziehe sie zum Getränkestand. Vollkommen emotionslos. Ich habe weder das Gefühl, es endlich geschafft zu haben, noch das Empfinden von totaler Erschöpfung. Ich habe gar kein Gefühl. Ich bin einfach da.

Mit zwei alkoholfreien Weizenbieren in den Händen gehen wir zu der Achterbahn und setzen uns darunter auf ein Stück Wiese. Während ich vor mich hinstarre, schwärmt Marion mir vor, wie toll ihr Zieleinlauf war. Wie bei einem Autorennen. Die Zuschauer haben geklatscht, der Sprecher hat ihren Namen über die Anlage genannt und der imposante Anblick der Boxengasse mit den riesigen Tribünen hat auf sie sehr motivierend gewirkt. Auf den letzten Metern hat sie noch mal Alles gegeben. Die Rennatmosphäre kann sie nun so richtig nachempfinden. Ich liege regungslos neben ihr auf dem Rasen und schaue in den Himmel. Wo sind meine Gefühle nur hin? Ich habe es geschafft. Die Grüne Hölle ist bezwungen. Nur genießen kann ich es komischerweise noch nicht.

Aber nach einer längeren Pause unter der Achterbahn kommen meine Empfindungen schließlich wieder und ich kann mich mit Marion zusammen darüber freuen, dass wir die Nordschleife überwunden haben. Am Auto ziehen wir uns um und besuchen dann noch den Messebereich unter der großen Tribüne. Ein Teller Pasta rundet den Besuch des Nürburgrings zu guter Letzt ab.

Als wir auf der Rückfahrt aus dem Auto noch ein paar kurze Blicke auf die Grüne Hölle erhalten, sehen wir einige Radfahrer des 24-Stunden-Rennens, die sich nun schon auf der Piste befinden. Auch sie werden die Grüne Hölle bezwingen. Lasst euch nicht unterkriegen auf dem »Highway to hell«.

Über 88 Brücken musst du geh'n

Es ist Anfang Oktober. Beim 5amTag-Marathon in unserem Heimatort Welver spricht uns Lauffreund Tilman an und fragt, ob wir schon etwas von den Lost Places Marathons gehört hätten. Das seien einmalige Marathonveranstaltungen an Orten, die durch Stadtsanierungs- oder Erneuerungsmaßnahmen kurz vor dem Verschwinden stehen. Immer kurz bevor so ein Ort sich in eine Baustelle verwandelt, veranstaltet jemand dort noch schnell einen Marathon. Der Nächste würde in drei Wochen in Wesel auf einer alten, zum Abriss bereiten Rheinbrücke stattfinden. Da Marion und ich uns gerade auf die zweite Ausgabe der Trailrun WM in Dortmund vorbereiten, sind wir recht gut im Training und forschen ein paar Tage später bereits im Internet nach dieser Veranstaltungsreihe.

Es handelt sich um den Lost Places Marathon Nr. 4 und er wird von Christian Hottas aus Hamburg veranstaltet. Dieser hat bereits an mehr als anderthalb tausend Marathons oder Ultramarathons teilgenommen und ist auf Platz 2 der Weltrangliste der Marathonsammler. Sowohl der einmalige Lauf auf der Rheinbrücke als auch der »laufverrückte« Christian wecken unser Interesse und so sind wir bereits kurze Zeit später angemeldet.

Ende Oktober fahren wir zusammen mit Doris nach Wesel. Sie leitet uns mal wieder routiniert über die Autobahnen quer durchs Ruhrgebiet bis zum Niederrhein und dann durch Wesel hindurch. Überall stehen die Maskottchen der Stadt Wesel herum: unterschiedlich angemalte Eselfiguren. Auf meine Frage, wie eigentlich der Bürgermeister von Wesel heißt, schaut Marion mich nur mit offenem Mund an. Den Witz kannte sie wohl schon. Aber Doris fand ihn gut, glaube ich.

Wir kommen an den Rhein und fahren über die B58, die heute bereits über eine neue Brücke führt. Früher ging die Bundesstraße über die alte Brücke, die wir gleich belaufen wollen. Die Neue befindet sich parallel neben der Alten und Doris schlägt Alarm, weil sie nur die alte Brücke auf der Karte hat und wir laut Doris mit unserem Auto bereits mitten im Rhein herum schwimmen. Auf der gegenüberliegenden Seite fahren wir dann mitten durch ein riesiges Feld. Jedenfalls glaubt das Doris und beschwert sich aufs Äußerste.

Wir biegen dann von der neuen Bundesstraße auf die Ehemalige ab und fahren wieder zurück zur alten Brücke. An der Auffahrtrampe sind Parkplätze markiert worden und von hier aus gehen wir die letzten 200 m zu Fuß. Am diesseitigen Brückenwiderlager stehen zwei Pavillons. Einer für die Zeitnahme und die Rundenzähler, einer für die Verpflegung. Einige Laufsportler stehen bereits davor und auch wir bekommen unkompliziert unsere Startnummern ausgehändigt: die Nummern 24 und 25.

Auch der Ideengeber Tilman und unser Lauffreund Helmut trudeln ein. Vor allem zusammen mit Helmut haben wir bereits einige außergewöhnliche Läufe unternommen und wir freuen uns darüber, auch hier nun gemeinsam mit ihm am Start zu sein.

Der Veranstalter Christian bittet um Ruhe und erklärt uns Teilnehmern und den ungefähr zehn Zuschauern den Grund für diesen Marathon. Die Brücke ist in den Jahren 1950 bis 1953 als Ersatzbauwerk für die nach dem Krieg errichtete Behelfsbrücke in Stahlkonstruktionsbauweise errichtet worden. Bis in heutiger Zeit verlief die B58 über diese Brücke, doch jetzt ist sie endlich durch eine neue und viel breitere Schrägseilbrücke aus Spannbeton ersetzt worden. Die alte Brücke wird im kommenden Winter abgerissen werden. Und heute geben wir ihr die letzte Ehre, indem wir auf ihr einen Marathon laufen.

An beiden Enden sind grüne Punkte auf den Boden gesprüht worden. Sie befinden sich genau 480 Meter auseinander. Einmal hin und zurück sind also 960 Meter und für einen Marathon müssen wir 44-mal hin und zurück laufen. 88-mal werden wir den Rhein überqueren. Das kann ja was werden.

Christian schickt uns und rund 30 weitere Läuferinnen und Läufer dann mit einem Pistolenschuss auf die Strecke. Wir laufen los und auch er entwaffnet sich und folgt dem Startfeld. Er lässt es sich nicht nehmen, auch selbst an seinem eigenen Marathon teilzunehmen.

Entgegen der Wettervorhersage sieht der Himmel recht blau aus. Sogar die Sonne lässt sich blicken. Der angesagte, starke Wind ist auch nicht wahrnehmbar. Jedenfalls noch nicht, denn wir traben nun das erste Mal über den Rhein und genießen die Atmosphäre. Die Brücke gehört schließlich heute uns Läufern und das wollen wir genießen. Links neben uns befindet sich die neue, imposante Schrägseilbrücke, rechts haben wir einen tollen Ausblick auf den Rhein. Und so laufen wir staunend über die Brücke und nehmen die leichte Biegung der Fahrbahn nicht wahr. Noch nicht…

Am Ende der Brücke stellen wir erstaunt fest, dass die Auffahrtrampe auf der Ostseite bereits abgerissen ist. Unsere Laufstrecke hört einfach auf, nur durch ein kleines Geländer abgesichert. Ein paar Meter davor befindet sich der angekündigte grüne Wendepunkt. Wir traben um ihn herum, haben von unseren 88 Rheinüberquerungen die Erste geschafft und laufen direkt gegen eine Wand. Eine Wand aus Wind. Er war als Rückenwind überhaupt nicht wahrnehmbar, doch nun von vorne bremst er uns erheblich. Da es hier keine Hindernisse gibt, die den Wind abfangen könnten, und auch kein großes, Windschatten spendendes Startfeld, ist jeder von uns dem starken Gegenwind voll ausgesetzt. Da müssen wir jetzt wohl irgendwie durch.

Wir kämpfen gegen den Wind und die leichte Biegung der Brücke und gelangen wieder zum Startpunkt. Als wir dort ankommen, ruft der Rundenzähler »24 und 25« und schreibt die ersten Striche hinter unsere Namen. Die erste Runde ist geschafft. 43 müssen wir noch.

So geht es weiter. Eine leichte Brückenüberquerung, bei der wir den Wind im Rücken haben, und eine Schwere mit dem Wind im Gesicht. Alle drei Runden machen wir eine kurze Pause am Verpflegungsstand. Dort gibt es Käsewürfel, Salzstangen, Weingummi, Cola, Tee und Wasser. Hier warten auch die zehn Zuschauer auf ihre Läufer, die sie lautstark anfeuern.

Von Beginn an haben sich drei Läufer nach vorne abgesetzt, die heute eine gute Zeit laufen und nicht in erster Linie den Marathon als einen Besonderen genießen wollen. Sie kämpfen um den Sieg und laufen ihr eigenes Rennen genau auf den weißen Linien der Fahrstreifenbegrenzung in der Straßenmitte. Nur an den Wendepunkten holen sie etwas weiter aus, um schneller um die Kurve zu kommen. Sonst laufen sie streng auf der Mittellinie den kürzesten Weg und überrunden die anderen Teilnehmer und uns vielfach.

Erstaunlich viele Pressevertreter sind vor Ort und filmen und fotografieren uns Läufer in vielfacher Weise. Für so eine kleine Veranstaltung ist das echt außergewöhnlich. Christian hat anscheinend eine sehr gute PR-Arbeit im Vorfeld gemacht.

Wir laufen immer weiter, Stunde um Stunde. Und so nach und nach kennen wir sämtliche Gesichter, die uns alle paar Minuten immer wieder entgegen kommen. Man nickt sich zu, grüßt kurz, wechselt hier und da mal einige Worte und verliert dabei vollkommen den Überblick, in welcher Runde man sich selbst befindet und wer eigentlich vor oder hinter einem läuft. Aber dafür haben wir ja die Rundenzähler, die tapfer stundenlang aushalten und die uns nach jeder Runde mit »24 und 25« begrüßen. Da Marion und ich schön gleichmäßig nebeneinander herlaufen, reden uns die Rundenzähler nach einiger Zeit nur noch mit »Dreamteam« an. Das motiviert uns, schön gleichmäßig weiter unsere Brückenüberquerungen durchzuführen.

Irgendwann laufen wir auf Christian auf und er beginnt damit, uns die Geschichte der Lost Places Marathons zu erzählen. Er berichtet von Containerhäfen, von Wällen der Wikinger und von sonstigen verrückten Orten, auf denen er bereits Marathonläufe organisiert hat oder die noch belaufen werden wollen. Er hat noch viel vor. Allein in diesem Jahr hat er schon mehr als 100 Marathonläufe absolviert. Meine Güte. Aber wie soll man auch sonst auf mehr als anderthalb tausend Marathons kommen? Bei einer Pinkelpause an den zwei Dixi-Toiletten verlieren wir uns wieder, aber man ist hier ja nie wirklich weg, sondern höchstens mal 480 Meter auseinander. So bekommen wir bestimmt gleich wieder eine neue Gelegenheit, das interessante Gespräch weiterzuführen.

Während wir zum x-ten Mal die Brücke überlaufen und so vor uns hin traben, beginne ich im Stillen zu zählen. Alles, was sich zählen lässt. Die alte Brückenkonstruktion hat 56

Streben auf jeder Seite, die neue Hängeseilbrücke hat 72 Spannseile, 6 mal 6 in jeder Richtung. Es befinden sich vier Straßenlampen an der alten Brücke und neun Straßenbegrenzungspfosten auf jeder Straßenseite. Diese Erkenntnis erzeugt in mir ein sicheres Gefühl für den Fall, dass die Dixis mal besetzt sein sollten.

In wenigen Wochen werden wir an der Trailrun WM teilnehmen. Daher sollten wir eigentlich zu dieser Zeit als Training nur noch Geländeläufe machen. Nun traben wir aber stundenlang über den Straßenasphalt der Rheinbrücke hin und her und ich mache mir Gedanken darüber, wie ich mir selbst gegenüber diesen kurzfristig in unseren Laufkalender aufgenommenen Straßenmarathon rechtfertigen kann. Glücklicherweise entdecke ich eine kleine Pflanze, die mitten auf der Brücke an der Bordsteinkante aus einer Fuge herauswächst. So ganz ohne Natur ist dieser Lauf ja dann doch nicht.

Das zweite Stückchen Trail bei diesem Marathon ist ein Hundekackhaufen, in den ich in Runde 19 hineintrete. Na ja! Er war wenigstens schön weich. Und jetzt kann ich vor mir selbst behaupten, dass das hier ein richtiger Trailrun-Trainingslauf ist.

Während wir so dahin traben und zum was weiß ich wievieltem Male von den drei Spitzenläufern überrundet werden, nehmen wir einen Läufer in einer blauen Jacke wahr. Er erinnert mich an einen Bekannten aus unserem Heimatort, den wir beide nicht wirklich leiden können. Er ist laut, rechthaberisch und sehr extrovertiert. Wir nennen ihn liebevoll »Heiopei«. So ist das manchmal im Leben. Bei manchen Menschen empfindet man ganz schnell Sympathie, bei anderen nie. Dieser Bekannte gehört zu den Letzteren.

Der Blaue sieht dem Heiopei auf jeden Fall total ähnlich und er scheint sich schon jetzt auf halber Strecke sehr zu quälen. Wir haben ihn schon mehrfach überrundet. Er geht immer wieder und macht dabei Dehnübungen. Dafür, dass er dem Heiopei ähnlich sieht, kann er ja nichts und so verändert sich meine anfangs gefühlte Abneigung ihm gegenüber in Mitleid. Als wir das nächste Mal an ihm vorbei kommen, geht er schon wieder ein Stückchen. Oder besser gesagt, er schleppt sich über die Brücke, denn sein Gehstil sieht nicht mehr sonderlich elastisch aus.

Beim Überrunden klapse ich ihm mit einer Hand auf die Schulter und versuche, ihn mit ein paar netten Worten aufzuheitern und neu zu motivieren. Er schreit uns mit viel zu lauter Stimme an, dass er ja nicht vom Laufen erschöpft sei, sondern von der morgendlichen Autofahrt hierher. Seine Beine wären zu. Und eigentlich wäre er voll im Saft. Und voll im Training. Nur die Fahrt sei so anstrengend für die Beine gewesen. Bla bla bla… Ja, nee. Ist klar!

Marion und mir klingeln die Ohren von seiner Lautstärke. Wir geben Gas und versuchen, etwas schneller Abstand zu gewinnen. Die ganze nächste Runde lang unterhalten wir uns lachend darüber, dass der Blaue wohl das Auto von Fred Feuerstein fährt, bei dem man unten mit den Beinen trampeln muss. Kein Wunder, dass er lahme Beine von der Fahrt hat.

Vielleicht ist an der Physiognomik wirklich etwas dran. Sie besagt, dass sich Charakterzüge mit der Zeit in das Gesicht eines Menschen einprägen. Das würde bedeuten, dass Menschen mit ähnlichen Gesichtern auch ähnliche Charakterzüge haben. Auf jeden Fall scheinen der blaue Fred Feuerstein und der Heiopei irgendwie verwandt zu sein. Mein anfänglich ungutes Gefühl ihm gegenüber hat sich auf jeden Fall bestätigt. Als wir uns ihm das nächste Mal von hinten nähern, ruft Marion mit leiser Stimme: »Wiiiilmaaaa!« Wir lachen und laufen einfach weiter.

Die leichte Biegung der Brücke und der einseitige Gegenwind machen uns nun aber auch langsam mehr zu schaffen. Der Rückweg wird immer beschwerlicher und das motivierende »Dreamteam 24 und 25« der Rundenzähler fühlt sich immer notwendiger an. Wieder eine Runde geschafft. Den grünen Punkt auf der anderen Seite nennen wir inzwischen nicht mehr Wendepunkt sondern Windepunkt. Überhaupt ist der »Grüne Punkt« ja eigentlich ein Symbol für Recycling. Da wir aber heute kein Cycling machen sondern Running, müsste er eigentlich als Sinnbild für das Rerunning stehen. Was immer das bedeuten soll? Rerunning. Re-Running. Zurück laufen. Eben ein Wendepunkt. Passt doch. Wenn man 88-mal über dieselbe Brücke läuft, gehen die Gedanken plötzlich komische Wege.

Die Strecke wird langsam leerer. Die drei Spitzenläufer sind längst im Ziel und so nach und nach erreichen immer mehr Teilnehmer die Runde 44. Ein Regenschauer erfrischt uns auf den letzten Kilometern noch einmal, aber das ist jetzt auch egal. Gleich sind wir im Ziel.

Und dann haben wir es endlich geschafft. Wir werden zum letzten Mal von den Rundenzählern mit »Dreamteam« begrüßt und die inzwischen auf 20 Personen angewachsenen Zuschauer erwarten uns mit einer La Ola. Danke sehr. Für die Anfeuerung, für die schöne Medaille und für den ausgefallenen Marathon im Ganzen.

Erst im Ziel bemerken wir, dass Marion die erste Läuferin ist, die diesen Marathon beendet. Sie ist heute tatsächlich auf Platz 1 bei einer Marathonveranstaltung gelandet. Nicht schlecht. Leider gibt es durch die Einfachheit der Veranstaltung für sie keine Siegerehrung, keinen Pokal und keine hunderttausend Euro Siegprämie. Aber egal. Wir schauen mal, wo wir mit einem Viereinhalb-Stunden-Marathon das nächste Mal mehr abräumen können.

Auch Fred Feuerstein kämpft sich tapfer über seine Runden und kommt als Letzter nach weit über fünf Stunden ins Ziel. Er muss noch oft gehen und scheint richtige Krämpfe zu haben. Aber er hält durch und beendet seinen Marathon. Wie er mit diesen verkrampften Beinen gleich seinen Wagen über die Autobahn antreiben will, wissen wir auch nicht. Vielleicht hilft ihm ja wirklich seine Wilma.

Der alten Rheinbrücke haben wir heute die letzte Ehre gegeben. Gut 30 Läufer sind 88-mal über sie hinweg gelaufen und haben es genossen, an diesem sehr außergewöhnlichen Marathon teilzuhaben. In den nächsten Monaten wird die Brücke dann vollständig abgerissen werden.

Ein wahrlicher Lost Places Marathon.

169 Runden mit Barbra Streisand

Wie schafft man es, im tiefsten Winter in »kurz« zu laufen? Wenn es draußen bitterkalt ist und wenn überall Schnee liegt. Wenn die Abende immer schon so früh beginnen und wenn man keine Lust mehr hat, in dickster Laufkleidung und mit Wintermütze durch die dunklen Straßen zu stapfen. Man sucht sich einen Lauf in einer gut beheizten Halle. Auf diese Idee kommen wir auch und finden den Hallenmarathon in Senftenberg. Er findet auf einer Tartanbahn in der Niederlausitzhalle statt und soll wohl eine gute Alternative sein zu einem winterlichen Straßenlauf.

Unser Training verläuft eher unspektakulär. Wir traben abends ab und zu durch unsere Heimat, die ein oder andere Einheit wird auf dem Laufband absolviert und an den Wochenenden schaffen wir zwei Long Jogs über 25 Kilometer. Das ist nicht wirklich viel, aber wir vertrauen darauf, dass wir unsere recht gute Form des letzten Jahres über die Weihnachtszeit gerettet haben.

Und so machen wir uns dann an einem Freitag Ende Januar auf die knapp 600 Kilometer lange Reise nach Senftenberg. Als wir abends dort eintreffen und dank Doris nach nur kurzer Suche unsere Pension gefunden haben, stellen wir beim Aussteigen fest, dass sich unsere Beine von der langen Fahrt total steif anfühlen. Gut, dass der Marathon erst morgen Abend stattfindet. Jetzt ginge das überhaupt nicht. Genau in diesem Moment fällt uns der Fred Feuerstein ein, der beim Wesel-Marathon auf der alten Rheinbrücke über seine Beine nach der Autofahrt geklagt hat. Und genau jetzt entschuldigen wir uns bei ihm für unsere Lästerei. Ein Marathon nach einer Autofahrt von einigen hundert Kilometern ist eine echte Quälerei. Aber wir haben ja noch bis morgen Abend Zeit, uns wieder zu erholen.

Wir bekommen ein Zimmer im Dachgeschoss der Pension und das bedeutet: jede Menge Treppenstufen bis in die dritte Etage. Ideal ist das nicht gerade, denn eigentlich müssten wir ja Kräfte sparen.

Viele neue Geräusche, komische Gerüche und fremde, quietschende Betten sorgen nicht unbedingt für erholsamen Schlaf und so wachen wir morgens etwas gerädert auf. Das tolle Frühstück entschädigt aber für die nicht ideale Nachtruhe.

Wir unterhalten uns darüber, was wir nun heute tagsüber machen wollen. Es gibt in der Umgebung einiges zu sehen: Eine alte Festung, einen riesigen Abraumbagger in einem Braunkohletagewerk, eine Seenlandschaft. Aber wir wollen uns nicht zu sehr belasten und so machen wir nichts weiter bis auf einen kleinen Einkauf.

Am frühen Nachmittag fahren wir zur Niederlausitzhalle und schauen uns dort ein wenig um, denn es finden hier schon seit heute Morgen einige Läufe statt. Kinder-, Staffel- und Paarläufe werden schon durchgeführt und wir bekommen einen ersten Eindruck davon, was uns nachher hier erwartet. Unser Start wird allerdings erst um 18 Uhr sein. Dann kommt kein Tageslicht mehr in die Halle und sie wird auf jeden Fall anders aussehen.

Was uns etwas Sorgen bereitet, ist die Luft in der Halle. Es riecht nach Sport, nach Schweiß, nach Anstrengung und nach Essen. Wie man in solch einem Dunst einen Marathon laufen soll, weiß ich nicht. Ich habe schon im Keller auf dem Laufband Probleme mit der Luft. Ohne ein offenes Fenster geht da gar nichts. Und in viereinhalb Stunden in dieser Hallenluft einen Marathon abzuspulen, wird nicht wirklich einfacher.

Das Zweite, das wir entdecken, ist die Tartanbahn. Ja, es ist eine Tartanbahn. Aber eine mit Steilkurven. Das ist für uns sehr ungewöhnlich und wir wissen nicht so wirklich, wie man durch diese Kurven laufen soll. Wenn man mit 40 km/h durch die Kurven jagt und sich weit nach innen legen muss, damit man nicht durch die Fliehkraft nach außen wegkatapultiert wird, ist das vielleicht machbar. Aber in unserem Marathontempo? Wir sind gespannt.

Sonst macht die Halle aber einen guten Eindruck und wir erahnen die vielen großen Veranstaltungen, die hier schon durchgeführt wurden. Schon im Jahr 1959 wurde sie als Sporthalle eröffnet. Vorher war sie ein Kohleschuppen und von nun an feierten die DDR-Sportler hier ihre Erfolge. In den Siebzigern bekam die Halle die 250 Meter lange Kunststoffbahn und neben Wettkämpfen in der Leichtathletik wurde sie auch für den Fuß- und Handball und für Boxveranstaltungen genutzt.

Wir schauen uns staunend um, machen noch ein paar Fotos und gönnen uns dann einen Teller Pasta aus der Hallenküche. Unser marathonmäßiges Mittagessen ist damit schnell und einfach erledigt. Die Pasta ist gut gewürzt und enthält jede Menge Zwiebeln, worüber wir uns erst einmal keine weiteren Gedanken machen. Später fahren wir dann wieder zurück zur Pension und ruhen uns lieber noch etwas aus. Mein Bauch brummelt schon. Wahrscheinlich vor Aufregung.

Auf unserem Zimmer halten wir noch ein bisschen Ruhe und dann machen wir uns langsam fertig. Wie vor jedem Wettkampf verbringe ich »Stunden« damit, unzählige

Male zur Toilette zu gehen. Ich möchte nicht so gerne die öffentlichen Anlagen benutzen, jedenfalls nicht für größere Geschäfte. Aber die sehr dünne Badezimmertür in unserer Pension macht es auch nicht einfacher. Die Pastazwiebeln haben sich inzwischen weiter durch meinen Verdauungstrakt bewegt und ihren Aggregatzustand von fest in gasförmig gewandelt. Peinlicherweise bleibt mein Konzert Marion leider nicht verborgen und ich höre ihr Lachen durch die Badezimmertür genauso laut als stünde die Tür auf.

Als es schließlich schon dunkel wird, fahren wir wieder zurück zur Halle und parken direkt davor. Durch die großen Fenster können wir schon von draußen in die Halle hineinschauen. Es sieht aus wie in einer Diskothek. Überall bewegen sich bunte Lichter und laute Musik schallt bis nach draußen. Als wir die Halle betreten, erkennen wir sie nicht wieder. Sie ist wirklich total bunt beleuchtet, in den Kurven sind die Banden mit Lichtschläuchen versehen und an der Decke tanzen farbige Lichteffekte. Dazu schallt in voller Lautstärke Musik: Pop, Rock und Schlager. Das volle Programm. Ein Moderator gibt dazu alles. Er schreit in sein Mikrofon irgendetwas, was niemand verstehen kann, denn die Anlage ist bis zum Anschlag übersteuert. Seine Stimme hört sich an wie die Trompetenstimme der Lehrerin von Charlie Braun. Sie macht nur Krach. Verstehen können wir so gut wie nichts.

Wir betreten die große Tribüne und suchen uns einen Platz, an dem wir unsere Tasche parken können. Als wir uns dort umgezogen und die Startnummern befestigt haben, gehen wir runter auf die Bahn und machen die ersten Trabversuche auf dem Kunststoff. Es fühlt sich ziemlich gut an. Die Bahn federt ein wenig und klingt hohl. Man kann gut darauf laufen.

Wenige Minuten später ist es dann auch schon kurz vor 18 Uhr und wir stellen uns mit den knapp 50 anderen Teilnehmern in den Startblock. Das Feld war aus Platzgründen auf 60 Starter begrenzt, aber einige sind dann wohl doch nicht erschienen.

Wir warten auf unseren Start. Ein paar Meter neben uns findet gerade die Siegerehrung eines schon beendeten Laufs statt. Der Moderator schreit die Namen und die Zeiten in sein Mikrofon und wir hören wieder nur die Trompeterei der Peanuts-Lehrerin: »Bwwwbwwwbwwwwbwwwt…« Obwohl wir kein Wort verstehen, haben wir den Eindruck, dass die Trompete einen sächsischen Akzent hat. Aber das kann auch täuschen.

Um die Siegerehrung noch beeindruckender zu gestalten, lassen die Veranstalter hinter dem Treppchen einen Riesenschwall Kunstnebel aufsteigen. Das sieht zwar toll aus, aber ich beginne mich etwas darüber zu ärgern, dass man hier bei einem sowieso schon frischluftarmen Hallenmarathon auch noch künstlich die Luft mit Nebel verpestet. Riechen kann ich den Nebel nicht, aber sehen. Und er füllt langsam die ganze Hallenhälfte aus. Wir sind anscheinend bei einem Disco-Marathon.

Der Nebel ist im Moment allerdings nicht unser schwerwiegendstes Problem. Irgendjemand hier in unserem Startfeld verteilt einen Mief, der kaum auszuhalten ist. Irgendeine Mischung aus Bisonschweiß und Latrinenduft. Wahrscheinlich kann ich deswegen den Nebelgeruch nicht wahrnehmen. Wer stinkt denn hier so? Da hat sich jemand tagelang nicht gewaschen. Oder er trägt zumindest seine Laufkleidung seit so vielen Kilometern, dass die Atmungsaktivität der Funktionskleidung sowohl aufgehört hat zu atmen als auch zu funktionieren. Die mit viel moderner Textiltechnik hergestellten Poren in der Kleidung sitzen bestimmt voller Ranz. Das ist ja nicht auszuhalten. Aber ein Gutes hat das Ganze: Bei dem Gestank und dem Krach habe ich mein Bauchgrummeln inzwischen ganz vergessen.

Während die Trompete weiter schmettert und der unbekannte Stinker weiter mieft, warten wir auf unseren Start. Es ist schon 18:15 Uhr. Erst als sämtliche Altersklassen durchgeehrt worden sind, dürfen wir nun endlich auf die Bahn.

Es wird von zehn rückwärts trompetet und dann geht es los. Wir atmen auf und setzen uns langsam in Bewegung. Auf geht's in die Erste von 169 Runden.

Nach ein paar Metern sind wir schon in der ersten Kurve und da jetzt das Feld noch ganz eng zusammen läuft, laufen alle irgendwie verteilt über die Bahnen. Die Unterste der Laufbahnen ist waagerecht und eben, so wie bei einer normalen Laufbahn. Aber sie ist nur ungefähr 50 Zentimeter breit. Alle anderen verlaufen in der Steilkurve und über diese schrägen Bahnen eiern wir nun durch die Kurve. Dabei bemerken wir schon jetzt, dass es uns richtig schwer fällt, über die oberen Bahnen zu laufen. Wir verdrehen die Beine nach rechts und setzen die Füße nicht parallel zur Laufrichtung auf. Das fühlt sich schon jetzt in der ersten Kurve komisch an und wir müssen noch 168einhalb Runden laufen. Aber vielleicht gewöhnen wir uns auch gleich daran. Wir werden sehen.

Auch die zweite Kurve nehme ich auf einer der oberen Bahnen. Auf der Zielgeraden suche ich Marion und stelle fest, dass sie sich bereits in die Unterste eingeordnet hat. Sie hat direkt festgestellt, dass es wohl gesünder ist, hier unten zu laufen und nicht mit verdrehten Füßen und Knien durch die Steilkurven zu eiern. Nachdem sie mir erklärt, dass das Schräglaufen auf Dauer nicht gut gehen kann, versuche ich auch, nur noch unten zu laufen. Es fühlt sich wirklich besser an, hat aber den Nachteil, dass wir uns in jeder Kurve einordnen müssen. Immer ist irgendjemand vor uns, den wir eigentlich überholen könnten. Aber da wir nicht in die Schräge wollen, bleiben wir dahinter und überholen erst wieder auf den geraden Stücken. Andere Läufer, die viel schneller als wir sind, überholen uns dagegen im Tiefflug auf den Geraden oder in den Kurven. Ihnen ist die Schräge anscheinend ganz egal. Bewundernswert.

Marion und ich wollen diesen Marathon wieder zusammen laufen und wir haben uns vorgenommen, so ungefähr nach viereinhalb Stunden ins Ziel zu kommen. Das dürfte unserem nicht ganz so perfekten Trainingsstand entsprechen. Aber wir verlieren schnell das Gefühl für unsere Geschwindigkeit, denn an der Ziellinie werden nur die gelaufenen Runden eines jeden Läufers angezeigt und nicht die Kilometer. Mit einem lauten, in der ganzen Halle zu hörenden Piepton wird jede Überquerung der Ziellinie bestätigt. So ergibt sich eine eigenartige, akustische Mischung aus einem ständigen Gepiepe, der lauten Musik und dem Geschrei der sächsischen Trompete.

Während wir so unsere Runden drehen, hat sich das Feld schnell auseinander gezogen. Die Schnellen überrunden andere Läufer, die Langsameren werden überrundet. Wir liegen irgendwo dazwischen. Die 250 Meter lange Runde ist mittlerweile komplett mit Läuferinnen und Läufern gefüllt. Lücken ergeben sich nur selten.

Wir traben weiter vor uns hin. Da wir alle paar Meter schon wieder in einer Kurve sind, ergibt sich jedes Mal ein eigenartiges Spiel. Wir laufen hintereinander, da wir ja beide in den Kurven unten auf der schmalen, geraden, inneren Bahn laufen wollen. Das wollen natürlich die meisten anderen Läufer auch. Und so peilen wir auf jedem geraden Stück genau die Lage und schauen, wer sich im Augenblick direkt vor uns befindet. Können oder müssen wir noch überholen? Bleiben wir dahinter und müssen wir dadurch etwas Geschwindigkeit herausnehmen? Oder beschleunigen wir etwas, um noch vor einem Vordermann in die Kurve einzubiegen? Da wir ja zusammen laufen wollen, ergeben sich immer öfter Situationen, in denen zumindest ich dann doch in die Steilkurve gehe. Um an Marion dranzubleiben, weil sie noch jemanden überholt, den ich vor der Kurve nicht mehr schaffe. Oder um am Ende der Kurve möglichst schnell wieder in unser normales Tempo zu kommen, wenn wir hinter einem Langsameren festhängen. Marion ist da viel vernünftiger als ich und bleibt meistens auf der geraden Innenbahn. Nach ein paar Metern sind wir dann aber doch immer wieder zusammen.

Alle zehn Runden halten wir am gut sortierten Verpflegungsstand an, trinken ein Schlückchen und essen ein Häppchen. Es gibt alles, was das Läuferherz begehrt. Durch die regelmäßige Esserei meldet sich dann auch mein Bauch wieder und ich bekomme in den nächsten Runden richtig starke Unterleibskrämpfe. Wie kann man auch nur so unvernünftig sein und vor einem Marathon Pasta mit Zwiebelsoße essen? Aber wenn ich jetzt zur Toilette gehe, läuft mir Marion davon. Wir wollen doch zusammen laufen. Also kneife ich meine Furt zusammen und denke dabei an einen bestimmten Straßenbegrenzungspfosten in unserer Heimat. Der musste schon mal leiden.

Die wenigen, verständlichen Informationen, die wir der Trompete anfangs entnehmen konnten, beinhalteten die Möglichkeit, sich Musik zu wünschen. Und ich habe seit Tagen ein bestimmtes Lied im Ohr: Barbra Streisand von Duck Sauce. Es ist eine Neuauflage eines alten Hits von Boney M., die es allerdings damals auch nur gecovert hatten. Dieses Lied besteht textmäßig eigentlich nur aus einem sich immer wiederholenden »Uuuuuuhuuuuuhuuuuuuh« und in regelmäßigen Abständen aus dem mit einer tiefen Stimme gesprochenen Namen »Barbra Streisand«. Weiß der Geier, was das bedeuten soll. Aber der Rhythmus ist gut und ich höre es einfach gerne. Und so spiele ich schon seit Runden mit dem Gedanken, es mir gleich mal zu wünschen.

Dazu komme ich aber leider nicht mehr, denn der erste Muskel, der heute zu versagen droht, ist mein Äußerer Schließmuskel. Ich kann nicht länger einhalten. Die zu Gas gewordenen Zwiebeln wollen nun endlich raus.

Und so melde ich mich bei Marion ab und verlasse in Runde 38 an der Toilette die Bahn. Dort sitzen zwei Ordner, die sich meine Startnummer aufschreiben und eine Stoppuhr drücken. Das verstehe ich zwar nicht, was mir aber auch im Moment ganz egal ist. Ich eile in die zum Glück gerade leere Toilettenanlage für Jungs, nehme die erstbeste Kabine und versuche, mich aus hygienischen Gründen nicht hinzusetzen. Ich halte mich hockend über dem Topf und bemerke meine schon brennenden Oberschenkel. Dann gibt mein Schließmuskel endgültig nach und ein 30-sekündiges, total lautes, ohne Unterbrechung durchgehendes Überdruckentweichgeräusch mit dazugehörendem Gespritze erfüllt die ganze Herrentoilette. Als der Druck vollständig entwichen ist, rutscht mir ein »Barbra Streisand« heraus. Neben mir in der Kabine ist plötzlich ein lautes Gepolter zu hören. Dort hockt wohl doch ein weiterer Läufer, den ich in der Eile übersehen habe und dessen Beine vor Fassungslosigkeit gerade nachgegeben haben.

Ich beeile mich, schnell aus der Kabine zu kommen und mir die Hände zu waschen. Ich bin knallrot im Gesicht und das mit Betonung auf »knall«. Der andere Läufer kommt kurz nach mir kopfschüttelnd aus seiner Kabine und schaut mich mit großen Augen an. Ich sage ihm »Der ist gerade raus!« und deute zur Tür. Er verlässt ohne ein Wort die Toilette. Hoffentlich übersteht er den Schock ohne weiteren Schaden und kann den Marathon zu Ende laufen.

Als auch ich kurz danach die Toilette verlasse, drückt der Ordner wieder seine Stoppuhr und sagt: »1:34. Da isser ja!« Die haben echt meine Zeit auf der Toilette gestoppt. Warum bloß? Ein Glück, dass es hier in der Halle so laut ist.

Ich fädele mich wieder ein und entdecke Marion ein paar Meter vor mir. Schnell habe ich sie wieder eingeholt. Und ob man es glaubt oder nicht, es läuft »Barbra Streisand« über die Anlage. Wahrscheinlich wurde der Discjockey irgendwie inspiriert. Vielleicht war ich doch lauter als der Krach in der Halle.

Beim nächsten Überqueren der Ziellinie wird angezeigt, dass Marion 40 und ich 39 Runden absolviert haben. Wir wollen ja zusammen laufen und auch zusammen die 169 Runden geschafft haben. Daher frage ich sie, wie die Chancen stehen, dass sie auch noch mal zur Toilette geht. Als sie den Kopf schüttelt, überlege ich, was ich jetzt mache. Ich muss oder besser will die eine Runde wieder aufholen. Also verabreden wir, dass sie in unserem normalen Tempo weiterläuft und ich versuche, die eine Runde aufzuholen. Ich beschleunige leicht und gewinne schnell etwas Abstand. Aber ich fange auch direkt an, zu schnaufen und ordentlich zu prusten. 40 Runden sind geschafft. Das sind zehn Kilometer. Erst. Und nun einen Zwischensprint einzulegen, widerspricht jeder Erfahrung. Das kann eigentlich nicht gut gehen. Ich verschieße jetzt meine Körner. Obwohl... die meisten habe ich vorhin auf der Toilette verschossen.

Ich laufe weiter in einem eigentlich zu schnellen Tempo. Und ich nehme jetzt immer öfter eine der höheren Bahnen in den Kurven, um nicht wieder Zeit zu verlieren. Das geht inzwischen schon richtig auf die Gelenke und mein rechter Fuß schmerzt heftig. Nach ein paar Runden sehe ich Marion genau gegenüber auf der anderen Seite und ich habe eine halbe Runde aufgeholt. Von jetzt an stelle ich auf jeder Geraden mit einem Blick auf die andere Seite fest, dass ich etwas näher an sie herankomme. Das motiviert mich, das höhere Tempo noch etwas durchzuhalten, und nach insgesamt zehn Runden habe ich Marion endlich wieder ein. Das war ein hartes Stück Arbeit. Und alles nur wegen der Zwiebeln.

50 Runden sind geschafft. Wir laufen jetzt wieder gemeinsam weiter und als wir mal wieder in einer Kurve hinter jemandem festhängen, dreht sich Marion nach mir um und zeigt nach vorne. Sie hat ihn schon entdeckt, als wir uns vorhin getrennt hatten. Ein etwas korpulenterer Läufer in einem Baumwollhemd und einem Handtuch um den Hals, beide Hände vorne am Handtuch. Der Stinker aus dem Startfeld. Wir laufen in der Kurve hinter ihm und bekommen den vollen Dunst ab. Was sollen wir machen? Dahinter bleiben und ersticken oder überholen? Selbst Marion, die bisher versucht hat, die Kurven nur unten auf der geraden Bahn zu laufen, geht jetzt in die Steilkurve und überholt mit verdrehten Füßen und Knien den Vordermann. Ich mache das Gleiche und ab jetzt passen wir auf den Geraden noch besser auf, wer vor uns herläuft.

Auch ein paar recht langsame, in einer kleinen Gruppe laufende Läuferinnen und Läufer überholen wir regelmäßig immer wieder. Und auch bei ihnen versuchen wir, sie auf den Geraden noch zu überholen und nicht hinter ihnen in den Kurven festzustecken.

So vertreiben wir uns Runde für Runde die Zeit. Und irgendwann beginnt endlich auch mein mathematischer Prozessor zu arbeiten. Durch die Anzeige der schon gelaufenen Runden haben wir überhaupt kein Gefühl für die bereits absolvierte Distanz. Wir befinden uns in den 80er Runden und ich rechne mir nun aus, dass die Hälfte des Marathons bei Runde 85 liegt. Als wir diese geschafft haben, zeigt die Uhr 1:59 an. Wir sind unter zwei Stunden. Wenn wir das Tempo so halten könnten, kämen wir unter vier Stunden ins Ziel. Das wäre was. Denn wir wollten ja eigentlich erst nach ungefähr viereinhalb Stunden finishen. Für Marion wäre das das erste Mal, dass sie einen Marathon unter vier Stunden läuft.

Als ich ihr sagen möchte, dass wir sehr gut in der Zeit liegen und was heute als Zielzeit herauskommen könnte, unterbricht sie mich sofort. Sie will keine Zeiten wissen und nicht planen. Ein Marathon ist so lang und da kann noch so viel passieren.

Aber ich rechne ab jetzt die Runden in Kilometer um und weiß genau, dass wir bei Runde 127 unter drei Stunden sein müssten, wenn wir unter vier ankommen wollen. Und bei Runde 148 dürften wir nicht über 3:30 liegen. Alles Theorie, denn als ich bei Runde 127 feststelle, dass wir eine gute Minute über der Zeit liegen, frage ich Marion, ob wir einen Hauch drauflegen könnten. Sie verneint, denn sie läuft schon am Limit. Ich versuche noch, sie mit allen möglichen psychologischen Tricks zu einer etwas höheren Geschwindigkeit zu animieren. Aber es geht nichts mehr. Und so verabschiede ich mich von dem Gedanken, heute hier unter vier zu laufen.

Ein paar Runden später trabe ich nur noch hinter Marion her. Sie macht das Tempo und ich bin mir sicher, dass ich ohne sie diese Geschwindigkeit nicht mehr laufen würde. So schnell geht das. Gerade war ich noch der Antreiber, jetzt bin ich der Anhänger. Ein Marathon ist so lang, da durchlebt man alle möglichen Gefühlsschübe. Es geht immer wellenförmig rauf und runter: die Lauflust, die Motivation und das Gefühl, heute etwas reißen zu können, wechseln mit Niedergeschlagenheit, Unmotiviertheit und der Frage, warum man sich das überhaupt antut.

Irgendwann befinden wir uns dann endlich in den 160er Runden. Ob wir wollen oder nicht, müssen wir immer doch mal wieder in die Steilkurven. Und die Füße und die Knie brennen inzwischen dabei wie Feuer. So etwas wie eine Koordination der Bewegung ist schon lange vergessen. Und jede unregelmäßige Beinstellung verursacht Schmerzen und löst Angst aus, hinzufallen.

Und dann kommt endlich die Runde 169 und wir genießen einfach nur noch, dass wir die vielen Runden und die doppelt so vielen Kurven überwunden haben. Die Zielgerade ist erreicht. Die letzten 80 Meter. Und dann sind wir durch. Geschafft!

Im Ziel freuen wir uns über unsere doch noch tolle Zeit von 4:06 und bekommen eine schöne Medaille umgehängt. Dazu überreicht uns jemand zwei Becher mit einem blassen Getränk: Sekt. Während Marion nur daran nippt, mache ich einen richtig großen Schluck. Wir setzen uns auf eine Bank und haben dabei große Probleme, überhaupt in die Hocke zu kommen. Die Beine schmerzen, die Knie tun weh und in den Füßen brennt ein Feuer. Die Belastung durch die viele Kurvenlauferei war einfach doch sehr groß. Und den Sekt würge ich mir auch gerade wieder hoch, untermalt von einem urgewaltigen Rülpser. Zum Glück läuft immer noch die laute Musik.

Wir holen dann unsere Tasche und ziehen uns auf der Tribüne um. Marion bekommt noch eine Ehrung für ihren Sieg in ihrer Altersklasse und muss sich dafür auf das Treppchen wuchten. Und das mit den schmerzenden Beinen.

Als wir später wieder in unserer Pension sind, kämpfen wir uns die drei Etagen hoch, duschen schnell und legen uns sofort schlafen. Das Problem ist, dass es keine Lage gibt, in der wir ohne Schmerzen liegen können. Der ganze Körper tut weh. Und so jammere ich mich durch die ganze Nacht. Bei jeder Drehung oder Bewegung der Beine stöhne ich auf und wecke Marion wieder. Sie selbst hat nicht so schmerzende Beine, aber mein Gejammer stört auch ihre Nachtruhe.

Nach unserem wieder guten Frühstück am nächsten Morgen fahren wir noch einmal zur Niederlausitzhalle. Es findet hier noch ein 50-Kilometer-Lauf statt. Ich habe im Auto große Probleme, die drei Pedale einigermaßen so zu bedienen, wie sie es gewohnt sind. Gut, dass Doris einen großen Teil der Fahrt die Kontrolle übernimmt. So eine Autopilotin ist schon etwas Feines.

In der Halle sind doch tatsächlich einige bekannte Gesichter von gestern Abend schon wieder auf der Bahn. Vor allem die etwas langsamere Gruppe ist erneut unterwegs. Sie machen das Doppel: gestern Abend einen Marathon, heute Morgen den 50er. Respekt.

Es löst sich nun auch das große Rätsel des gestrigen Abends. Die Toilettenzeiten werden festgehalten, damit nachher niemand behaupten kann, dass die Messelektronik versagt hat und eine Runde nicht gezählt wurde. Aber die Veranstaltung war alles in allem so entspannt, dass ich mir nicht vorstellen kann, dass es da Ärger geben könnte.

169 Runden mit Barbra Streisand und Zwiebeln im Gedärm… das darf uns mal einer nachmachen.

42,195 Kilometer ohne Bewährung

Es ist Oktober und wir entdecken irgendwo im Internet einen Hinweis auf den Knastmarathon von Darmstadt. Ein Marathon in einem »Knast«? Das klingt schon ziemlich verrückt, aber gleichzeitig verlockend. Nach kurzer Suche im Netz finden wir mehr Informationen darüber. In der JVA Darmstadt gibt es ein Projekt, bei dem Insassen dazu animiert werden sollen, sich laufend zu bewegen. Das Ziel soll die Teilnahme am jährlich im Mai stattfindenden Knastmarathon sein, einer außergewöhnlichen Marathonveranstaltung innerhalb der Mauern der JVA Darmstadt. Zusätzlich zu den rund 30 bis 40 laufenden Insassen können einige Externe an dem Marathon teilnehmen. Insgesamt sollen es aber nicht mehr als 180 Teilnehmer sein, da die Laufstrecke im Knast natürlich räumlich stark begrenzt ist.

Wir sind von der Idee, in einem Gefängnis zusammen mit Insassen einen Marathon zu laufen, schnell fasziniert. Gleichzeitig schwirren mir aber die verrücktesten Gedanken durch den Kopf. Bedrohliche Bilder aus irgendwelchen Hollywood-Streifen habe ich vor Augen. Glatzköpfige, muskelbepackte, brutale, dunkle Gestalten stemmen mit freiem Oberkörper gigantische Hanteln. Unter der gemeinsamen Dusche lässt ein gefährlich aussehender Insasse seine Seife fallen und zwingt den Neuen mit einem Lächeln auf den Lippen, sie aufzuheben. Ein anderer Neuer wird mit seinem Kopf in eine Toilette gedrückt, um ihn gefügig zu machen. Selbst hergestellte Stechwaffen werden irgendwem in den Rücken gestoßen, weil dieser Jemand irgendetwas verpetzt hat… Ich muss mich selbst überzeugen, dass das nur Bilder aus Spielfilmen sind und dass das wohl hoffentlich nicht der Wirklichkeit entspricht. Aber so richtig gelingt mir das nicht. Das mulmige Gefühl bleibt.

Ab Anfang November wird die Online-Anmeldung frei geschaltet und in den Nächten bis dahin schlafe ich schlecht. Groteske Träume von »mal wieder« Sylvester Stallone in grauer Gefängniskleidung, der mit mir auf dem schlammigen Innenhof eines Gefängnisses Football spielt. Aus irgendeinem Grund spiele ich alleine gegen ihn und sämtliche andere Insassen und habe natürlich keine Chance (mal davon abgesehen, dass ich noch nie in meinem Leben Football gespielt habe). Ich werde herum gestoßen, falle immer wieder in den Schlamm, jemand rammt mir seine Faust in den Rücken und stopft mir Dreck in den Mund. Andere Gefangene schreien mich an und zwingen mich, wieder aufzustehen und weiter zu spielen.

Dann liege ich endlich abends auf meiner Pritsche und versuche mich, auszuruhen. Plötzlich flackert das Licht und es brutzelt irgendwo. Gleichzeitig höre ich einen markerschütternden, minutenlangen Schrei. Der elektrische Stuhl…

Wann lief eigentlich »Lock up« das letzte Mal im Fernsehen? Ich glaube, ich schaue zu viel fern.

Ich wache mehrfach schweißgebadet auf und rede mir immer wieder ein, dass das alles nur Hollywood-Fantasien sind und nicht die Realität. Das mulmige Gefühl bleibt aber und als wir endlich Anfang November vor dem Rechner sitzen und uns anmelden wollen, frage ich Marion noch ein letztes Mal, ob wir uns das wirklich antun wollen. Marion scheint viel tougher als ich zu sein. Sie hat gar keine Ängste und drückt nach dem Eintragen unserer Daten ohne zu zögern auf den Anmelde-Button. Jetzt gibt es kein Zurück mehr. Wir sind dabei. Das Urteil ist gefällt. Es lautet: 42,195 Kilometer… ohne Bewährung.

Die Monate vergehen schnell und irgendwann steht der Knastmarathon an. Wir suchen uns im Internet ein günstiges Hotel in Darmstadt, packen am Vortag unsere sieben Sachen ein und fahren los. Unterwegs fantasieren wir noch vor uns hin und witzeln über das, was uns am morgigen Tag bevorsteht. Das ist im wahrsten Sinne Galgenhumor und macht das Grummeln im Bauch nicht geringer.

Am Abend essen wir kurz etwas im Hotelrestaurant und verschwinden dann schnell auf das Zimmer. Wir müssen morgen früh raus und wollen ausgeschlafen sein. Nachts kommen wieder bedrückende, Furcht einflößende Träume und ich werde mehrfach wach. Was haben wir uns da eigentlich für einen Marathon ausgesucht? Das Laufen soll doch Spaß machen und nicht Ängste auslösen. Zumindest Marion scheint tief zu schlafen. Sie macht sich über unser Vorhaben gar nicht so viele Gedanken wie ich Weichei.

Ich bin morgens schon vor dem Klingeln des Weckers wach und gehe in Gedanken bereits meine Sportausrüstung durch. Schuhe, Hose und Shirt, Nummernband, Championchip, Energie-Gels, Handtücher,… Handtücher? Ich schrecke auf und sitze schlagartig aufrecht im Bett. Marion dreht sich zu mir um und schaut mich mit noch müden Augen an:

»Was ist los?«

»Oh Mann. Wir haben unsere Handtücher vergessen!«

»Das ist doch nicht so schlimm. Da muss dann halt mal wieder ein Shirt herhalten. Das passiert uns doch nicht zum ersten Mal.«

Ich lege mich wieder hin und versuche durch Handauflegen mein Bauchgrummeln in den Griff zu bekommen. Warum habe ich die Handtücher nicht mit eingepackt?

Wollte ich damit unbewusst verhindern, dass wir dort im Knast duschen? Die Geschichte mit der runter gefallenen Seife scheint mich doch irgendwie beeinflusst zu haben.

Während ich noch so vor mich hin grüble, fragt mich Marion, ob wir unser Melkfett zum Einfetten der empfindlichen Körperteile dabei haben. Das könnten wir doch eigentlich dort lassen. Die können das bestimmt gebrauchen.

Sehr lustig. Marion macht auch noch Witze über mein mulmiges Gefühl und sie meint anschließend:

»Notier Dir das mal. Das ist gut für Deine Geschichte, die Du schreiben möchtest!«

»Boah, wenn das so weiter geht, bekomme ich noch ´ne Klage an die Furt.« Die Doppeldeutigkeit dieses Ausspruchs macht mir in den nächsten Stunden noch länger zu schaffen und dabei wird mir klar, dass der Knastmarathon auch noch in der JVA *Darm*stadt stattfindet. Auweia…

Nach dem kleinen Marathonfrühstück fahren wir die wenigen Kilometer bis zum Gefängnis und parken unser Auto auf einem Parkplatz vor einer großen, grauen Betonwand. Doris hat wieder zuverlässig ihren Dienst absolviert und uns hierher geleitet. Sie darf sich nun im Handschuhfach ausruhen und muss nicht mit in den Knast rein. Wahrscheinlich dürfte sie das auch gar nicht, denn alle möglichen elektronischen Geräte wie Handys oder Fotoapparate sind nicht zugelassen.

Ein riesiges Tor in der Betonwand sieht aus wie der Eingang zum Jurassic Park und macht auf mich ordentlich Eindruck. Dort fahren wohl Busse bei Gefangenentransporten in die dahinter liegende Sicherheitsschleuse ein, aber für uns Fußgänger gibt es eine kleine Tür daneben, vor der bereits eine längere Schlange weiterer Teilnehmer des Knastmarathons steht.

Wir stellen uns an und bemerken, dass die Marathonis jeweils in kleineren Gruppen in die Tür gelassen werden. Als wir dran sind und durch die Tür dürfen, müssen wir als Erstes unsere Personalausweise abgeben. Danach legt uns ein Wachbeamter, der durch seine Erscheinung auch vor jedem Nachtclub als Türsteher beeindruckt hätte, ein rotes »All-Inklusive-Bändchen« ans Handgelenk an. Dies macht er mit den Worten:

»Passt gut auf dieses Band auf, denn ohne kommt ihr hier nicht mehr raus!«

Er schaut mir dabei ins Gesicht und schmunzelt vor sich hin. Für ihn ist das Arbeiten hier normaler Alltag, aber er kennt wohl die mulmigen Gefühle, die man hier als Besucher hat.

Anschließend müssen wir uns noch einer Personenkontrolle durch Abtasten unterziehen, die nach Geschlechtern getrennt von einer Wachbeamtin oder einem -beamten durchgeführt wird.

Eigentlich dachte ich, dass es nun alles wäre. Aber hinter der nächsten Tür müssen wir uns mit rund 15 Marathonteilnehmern auf eine u-förmig aufgestellte Bankreihe setzen. Und zwar immer der Eine die Beine nach vorne, der Nächste die Beine nach hinten. Während ich noch über dieses komische Ritual nachdenke, betritt ein weiterer Beamter mit einem Spürhund den Raum. Er schreitet die Besucher der Reihe nach mit dem Hund ab, der an uns intensiv herumschnüffelt. Bei einer weiblichen Person schlägt er an, bellt laut und reißt an der Leine. Ich staune. Er hat wohl wirklich etwas gefunden. Wollte hier jemand Drogen rein schmuggeln? In diesem Moment erkenne ich, dass es gar keine Läuferin war, bei der der Spürhund angeschlagen hat, sondern eine weitere Wachperson. Sie hat etwas in der Tasche, das der Hund finden kann, damit er sein Erfolgserlebnis hat. Er bekommt sein Leckerchen als Belohnung und der Hundeführer macht mit ihm ein paar laute, wild aussehende Rumtollereien, um ihn wieder zu »nullen«. Wir sitzen auf der Bank und bestaunen unsicher das Geschehen. Wir sind noch nicht mal richtig drin und ich hätte jetzt auch schon gerne meine Belohnung. Aber dafür wollen erst noch gut 42 Kilometer gelaufen werden.

Als wir danach endlich den Gefängnishof betreten und wieder ans Tageslicht kommen, bin ich sehr überrascht. Vor uns liegen ein paar grüne Wiesen, viele Bäume, bunte Werbebanner von Sponsoren und rechts von uns weiße Pavillons mit Sitzbänken. Das sieht hier auf dem ersten Blick aus wie bei jeder anderen Laufveranstaltung. Ein ganz normales Läufergewusel. Und es läuft recht laut Musik.

Wir suchen die Startnummernausgabe und finden sie ebenfalls in einem kleinen Pavillon gegenüber einem kleineren Gebäude. Hier bekommen Marion und ich unsere Startnummern und dazu ein oranges Laufshirt mit ebenfalls aufgedruckter Startnummer. Während wir uns die Shirts noch anschauen, hören wir aus dem Gebäude gegenüber das anstößige Rufen mehrere Männerstimmen. Die Fenster sind mit Stahlplatten verschlossen, in denen sich aber kleinere, runde Löcher befinden, hinter denen sich etwas bewegt. Das Ganze wirkt so noch bedrohlicher als einfache Gitter. Das ungute Gefühl macht sich in mir wieder breit. Der Inhalt dessen, was da durch die Stahlplatten gerufen wird, ist auf Marion gezielt und mir wird in diesem Moment bewusst, dass die JVA Darmstadt ein Männer-Gefängnis ist und dass der heutige Marathon für Marion noch außergewöhnlicher wird als für mich. Zum Glück ist Marion nicht die einzige Frau unter den Teilnehmern. Es sind noch einige andere Marathonläuferinnen dabei. Sie sind aber definitiv weit in der Unterzahl.

Wir bewegen uns nun zu den weißen Pavillons und machen uns hier startklar. Dabei nehmen wir bei jedem Schritt die Gefängnisatmosphäre auf. Auch wenn es objektiv gesehen eigentlich genauso wie bei anderen Laufveranstaltungen aussieht, schwebt irgendetwas in der Luft. Wir können nicht genau sagen, was es ist. Energien? Schwingungen? Stimmungen? Oder bilde ich mir das nur ein? Aber Marion ergeht es ähnlich, spätestens nach den Anrufen der Gefangenen hinter den Stahlplatten. Es liegt einfach etwas in der Luft.

Wir entscheiden uns dafür, die orangen Panzerknacker-Shirts anzuziehen. So brauchen wir keine weitere Startnummer mehr. Die Insassen laufen alle mit diesen Shirts. Die Externen können wählen, aber die meisten entscheiden sich ebenfalls dazu, in den orangen Shirts zu laufen. Nur einige wenige laufen in den bunten Shirts ihrer Lauftreffs oder in Veranstaltungsshirts vergangener Events. So sehen nun bis auf ein paar Ausnahmen alle gleich angezogen aus.

Die fast identische Optik fast aller Teilnehmer führt aber nun dazu, dass wir gar nicht unterscheiden können, wer Insasse ist und wer Gast (was prinzipiell wohl auch Sinn der gleichen Kleidung ist). Verstohlen schauen wir daher ab jetzt bei jedem, der uns entgegen kommt, auf seine Handgelenke und suchen das rote Bändchen. Nicht die Gefangenen sind gebrandmarkt sondern wir Externen. Und wenn uns nun ein Läufer in orange ohne Armband begegnet, schaue ich ihm ins Gesicht und denke bei einigen: »Dem hätte ich das aber jetzt nicht zugetraut.« Oder im anderen Fall auch mal das Gegenteil.

Wir schlendern noch etwas durch die Gegend und bemerken dabei, dass das Veranstalterteam nicht ausschließlich aus Wachpersonal besteht. Auch einige Insassen sind dabei und sorgen für einen reibungslosen Ablauf. Wahrscheinlich kann man sich durch gute Führung im Gefängnisalltag dafür qualifizieren, bei dieser Marathonveranstaltung mitzuarbeiten. Das ist bestimmt ein gerne angenommener Ausbruch aus dem Alltag.

Wie vor jedem anderen Lauf auch stehen nun noch mehrere Toilettengänge an. Wir suchen die stillen Örtchen und entdecken ein Schild vor einem größeren Gebäude. Als wir hineingehen, stehen wir in einem lang gezogenen Flur. Sofort links befinden sich die Herrentoiletten. Aber wo sind die Damenklos? Im hinteren Bereich des Flures stehen zwei Veranstalter-Insassen und unterhalten sich. Als sie unsere suchenden Blicke bemerken, sagt der eine, dass sich die Damentoiletten weiter hinten befinden. Er führt Marion weiter den Gang entlang und entschwindet aus meinem

Sichtfeld, während mich der andere mustert. Er schmunzelt ebenfalls vor sich hin, genauso wie der Wachbeamte am Eingang. Auch die Gefangenen können sich wahrscheinlich gut vorstellen, wie sich der Aufenthalt hier für uns anfühlt.

Ich gehe zur Toilette und hoffe, Marion gleich gesund wiederzusehen. Nach kurzer Zeit treffen wir uns aber schon an der Tür wieder und Marion schmunzelt nun genauso, als sie meine ängstlichen Blicke sieht. Alles gut. Nichts passiert.

Es ist nun gleich 10 Uhr und dann könnten wir endlich loslegen. Kurz vor 10 Uhr erfolgt aber eine Durchsage, dass sich der Start um 15 Minuten verschiebt, da sich noch immer nicht alle externen Läufer im Innenbereich befinden. Die Sicherheitsauflagen werden vom Eingangspersonal streng eingehalten, auch wenn die Zeit drängt. Da werden auch heute keine Ausnahmen gemacht.

Da die Luft recht kühl ist und wir nur noch unsere Laufkleidung tragen, gehen wir in die Sporthalle der JVA. Dort sind viele Tische und Bänke aufgestellt, an denen wir uns noch etwas setzen können. Hier soll nachher auch die Siegerehrung stattfinden. Und hier treffen wir nun auch einige Laufbekannte aus der Heimat. Nach dem inzwischen geübten Blick auf die Handgelenke stellen wir erleichtert fest: Alles Externe. Wir sind nicht die Einzigen, die das Besondere beim Laufen suchen.

Als sich der Startzeitpunkt nähert, verlassen wir gemeinsam die Sporthalle. Mit rund 180 weiteren Marathonis, Insassen und Externen dicht gedrängt zusammen, stehen wir im Startfeld auf einem drei Meter breiten Weg an der Startlinie. Es ertönt ein Countdown. Ein Startschuss. Und los geht's. Der Knastmarathon beginnt.

Nach ein paar Metern kommt schon die erste Rechtskurve. Wir laufen an einer Wiese vorbei, die nur durch ein

Flatterband von uns getrennt ist. Auf der Wiese befinden sich sitzend oder stehend rund 50 Insassen. Alle in lila Shirts und dunklen Hosen. Das ist hier wohl die Anstaltskleidung. Sie schauen uns hinterher. Einige stehen direkt hinter dem Flatterband und halten eine Hand auf die Strecke. Sie wollen abgeklatscht werden. Das hat uns zwar vorher niemand direkt verboten, aber ich halte das trotzdem nicht für eine gute Idee. So schaue ich möglichst neutral und freundlich in ihre Gesichter und laufe weiter. Dabei stelle ich fest, dass die meisten gar nicht mich ansehen sondern Marion. Das weckt in mir Alarmbereitschaft und ich bin ab jetzt noch wachsamer. Wir laufen nebeneinander her und wollen das auch so beibehalten, denn wir wollen diesen Marathon heute zusammen laufen und beenden.

Einige der Gefangenen rufen etwas zu uns herüber. In erster Linie wohl auch eher zu den Läufer*innen*. Da der Knastmarathon aber heute nicht zum ersten Mal stattfindet, hat sich das Veranstalterteam eine Lösung dafür ausgedacht. An den Stellen der Strecke, an denen Insassen am Streckenrand stehen, sind Musiklautsprecher aufgestellt worden. Sie sind so ausgerichtet, dass sie die Insassen beschallen und nicht die Strecke. Die Rufe der Gefangenen werden einfach mit sehr lauter Popmusik überschallt. So laut, dass die Beschallung jedem Open-Air-Konzert alle Ehre gemacht hätte. Zuerst verstehe ich diese Anordnung nicht, aber im Verlaufe der ersten Runden weiß ich diese einfache Maßnahme zu schätzen. Die Insassen geben es dann auch auf und scheinen nichts mehr zu rufen. Hören oder verstehen können wir sowieso nichts. Aber viele schwer deutbare, vielleicht bedrohliche Blicke nehme ich weiterhin war.

Nach ein paar hundert Metern folgt die nächste Rechtskurve, dahinter wieder eine Rechtskurve und schon sind wir an der großen Betonwand. Mächtig, hoch und oben mit Stacheldrahtrollen bewehrt sorgt sie dafür, dass hier niemand ungewollt rein oder raus kommt. Wir laufen an der Wand entlang, wieder eine Rechtskurve, ein Wendepunkt, ein Schnörkel nach rechts, einer nach links, um ein kleines Gebäude herum und dann geht es wieder mit Gegenverkehr zurück. Hier ist nun mal nicht viel Platz und wenn man hier eine möglichst große Runde ausmessen möchte, muss man halt jede Ecke des Geländes mitnehmen. Immerhin hat man es geschafft, die Runde auf eine Länge von gut 1,75 Kilometer auszudehnen, so dass wir nach 24 Runden unseren Marathon geschafft haben.

Auf dem Rückweg der ersten Runde entdecken wir an mehreren Stellen Wachpersonal, das die Strecke genau im Auge hat. Und später nach mehreren Runden erkennen wir, dass es keinen Meter der Strecke gibt, der nicht durchweg vom Gefängnispersonal beobachtet wird. An wirklich jeder Ecke steht jemand mit verschränkten Armen und fester, emotionsloser Miene, der uns Marathonis im Auge behält. An einigen Stellen befinden sich kleine Wachhäuschen. Auch in ihnen befindet sich durchweg Personal, das die Lauferei auf der Strecke betrachtet. Eigentlich waren wir noch nie auf einer Laufveranstaltung, bei der man sich so sicher fühlen könnte. Eigentlich. Nur mein Bauchgrummeln hat das wohl noch nicht mitbekommen.

Der andere Wendepunkt der Innenhofrunde ist eher eine Wendeschleife als ein Wendepunkt. In einem großen Bogen umrunden wir einen Wendekreis einer kleinen Straße und laufen dann wieder zurück, direkt vorbei an einem Freigangbereich für die härteren Fälle. Sie dürfen nicht hinter einer Flatterbandabsperrung stehen, sondern befinden sich hinter einem Maschendrahtzaun mit Stacheldraht oben drauf.

Einige hängen mit ihren Fingern im Zaun und schauen uns bedrohlich hinterher. Auch sie rufen erst noch das ein oder andere, aber auch das können wir nicht hören, da hier ebenfalls eine Lautsprecheranlage aufgestellt ist, die einfach alles übertönt.

Nach den ersten Runden merken wir bereits, dass wir mit unseren Gedanken gar nicht so sehr beim Laufen des Marathons sind, sondern eher bei den unglücklichen und zum Teil bedrohlich wirkenden Zuschauern. Die einen hinter Flatterband, die anderen hinter Stacheldraht. Da Marion und ich weiterhin zusammen nebeneinanderher laufen, wechseln wir in jeder Runde mehrfach unauffällig unsere Positionen. Ich versuche, immer zwischen Marion und den Insassen am Streckenrand zu laufen. Je nachdem, aus welcher Richtung wir kommen, wechseln wir an den Wendepunkten die Seite. Mal laufe ich links, mal rechts. An den entscheidenden Stellen bin ich dann immer an der richtigen Seite. Das ist vielleicht alles Blödsinn, aber es macht mir zumindest ein besseres Gefühl.

Nach ungefähr einer Stunde merken wir bereits unsere Muskeln und Gelenke. In Abständen von manchmal nur wenigen Metern, spätestens aber nach vielleicht hundert Metern, folgt eine 90-Grad-Kurve nach der anderen. Mal links rum, mal rechts rum. Und die Wendepunkte sind auch nicht viel besser. Jedes Mal müssen wir abbremsen und nach der Wende wieder beschleunigen. Ein gleichmäßiger Laufrhythmus ist etwas anderes. Die ewige Stopperei und Kurverei geht dabei ganz schön in die Beine. Aber wir sind noch ganz gut drauf und laufen noch in einem sich für uns gut anfühlendem Tempo.

Nach anderthalb Stunden verzieht Marion plötzlich das Gesicht und nimmt Tempo raus. Sie hat Schmerzen im rechten Fußgelenk und weiß gerade nicht, wie sie damit weiter umgehen soll. Was ein Mist. Wir haben in diesem Jahr doch noch so viel vor. Was machen wir nun? Weiter laufen und Schmerzen verbeißen? Oder lieber aufhören und den Fuß schonen, auch wenn damit dann für sie der Knastmarathon gelaufen ist? Ein paar hundert Meter weiter ist die Entscheidung bei ihr aber schon gefallen. Sie steigt nach Erreichen des Halbmarathons aus.

Bis dahin laufen wir etwas langsamer als bisher weiter, wechseln weiterhin unsere Positionen und ärgern uns ein wenig darüber, dass Marion gleich aufhört. Aber die Gesundheit geht immer vor. Es ist auf jeden Fall die richtige Entscheidung.

Nach gut zwei Stunden absolvieren wir die 12. Runde und ich verabschiede mich nun erst einmal von Marion. Sie hat den Halbmarathon beendet und steigt jetzt aus. Das ist sehr schade, denn wir wollten das Abenteuer »Knastmarathon« ja gemeinsam erleben. Mit einem letzten Blick und einem Winken verabschiedet sie sich und ich nehme wieder meine Geschwindigkeit auf. Marion verschwindet wieder in dem Flur, in dem es auch zu den Toiletten geht, und ich mache mir darüber Gedanken, dass sie jetzt irgendwo in dem Gebäude die Umkleideräume suchen muss und dort alleine duschen geht. Aber wie schon beschrieben: Eigentlich ist das hier der sicherste Marathon der Welt.

Ab jetzt laufe ich alleine weiter. Ich beobachte weiterhin die am Rand stehenden Insassen, schaue immer wieder auf die Handgelenke der mir entgegen kommenden Läufer und wundere mich immer wieder darüber, wer ein Bändchen trägt oder wer auch nicht.

Nach einiger Zeit beginnt es zu regnen und die Gefangenen verschwinden in den Gebäuden. Nun sind wir Marathonis allein auf dem Gelände ohne die lilafarbenen Zuschauer. Nur das Streckenwachpersonal bleibt unverändert auf seinem Posten. Jetzt habe ich Zeit, mich mal gedanklich damit zu beschäftigen, dass ich hier gerade einen Marathon laufe. Und weniger damit, was ich in meiner Umgebung beobachte. Wie so oft, schwingt mal wieder ein Gedanke in mir, den ich öfter habe, den ich aber in der Regel nicht so einfach verwirklichen kann: Das Unterschreiten der 4-Stunden-Grenze. Dass ich das mal geschafft habe, ist durchaus schon länger her.

Die Strecke hier im Knast ist recht anspruchsvoll. Sie hat zwar keine merkbaren Höhenmeter, aber die vielen Winkel und Wendepunkte machen das Laufen auf der gut 1,75 Kilometer langen Runde nicht gerade einfach. Marion hat das ja gerade am eigenen Fuß erlebt.

Den Halbmarathon haben wir ja in gut zwei Stunden geschafft. Ich müsste also etwas schneller werden, um die paar Minuten über den zwei Stunden wieder rauszuholen. Während mir der Regen durch das Gesicht läuft, versuche ich nun zu rechnen, wie viel ich schneller werden muss, damit das noch klappt. Ich schaue auf meinen Garmin und versuche meine Pace abzulesen. Durch die viele Kurverei und den durch die Bäume verursachten manchmal schlechten Satellitenempfang ist das aber gar nicht so einfach. Die Anzeige springt stark hin und her. Darauf kann ich mich nicht verlassen. Ich rechne und rechne, komme aber nicht zu einem Ergebnis. Marathon laufen und Mathematik passen nicht immer so gut zusammen. Entweder steckt das Blut in den Beinen oder in der Birne.

Plötzlich wird mir klar, dass es eigentlich ganz einfach ist. Vier Stunden sind 240 Minuten. Und ich muss heute 24 Runden laufen. Also habe ich für jede Runde zehn Minuten Zeit. Fertig. Wenn ich das knapp unterbiete, schaffe ich die vier Stunden.

Ich schaue auf meine Uhr. Ich bin nun in Runde 18 und gerade drei Stunden unterwegs. Inzwischen steht auch wieder Marion frisch geduscht an der Strecke und stärkt sich mit etwas Trinkbarem und ein paar Riegeln. Dass sie dort wieder gesund und fröhlich am Rand steht, tut mir gut. Der Regen hat aufgehört und die vorhin geflüchteten Insassen sind wieder an der Strecke. Zum Teil haben sie gewechselt. Es sind nun andere Gesichter zu sehen. Ihre zum Teil Angst einflößenden Blicke sind aber die gleichen wie vorhin.

Nur habe ich dafür jetzt gar keine Blicke mehr. Ich habe nur noch meine Uhr im Auge. An der Ziellinie steht ebenfalls eine große Uhr und zeigt mir an, dass ich im Moment noch auf eine Zeit jenseits der 4-Stunden-Grenze hinlaufe. 18 Runden in etwas mehr als drei Stunden.

Sechs Runden muss ich jetzt noch laufen. Dafür habe ich knapp 58 Minuten Zeit. Für jede Runde knapp zehn Minuten. Ich versuche, mein Tempo zu erhöhen, aber sofort machen sich meine Oberschenkel bemerkbar. Die viele Kurverei steckt echt in den Beinen. Drei Runden weiter stelle ich fest, dass ich tatsächlich etwas Zeit rausgelaufen habe. Ich habe 21 Runden und 3:29 und ein paar Sekunden auf der Uhr. Nur drei Runden noch zu laufen und 30 Minuten habe ich noch Zeit dazu. Heute ist der Tag, an dem ich mal seit langem wieder die vier Stunden knacken könnte. Hoffentlich.

So langsam macht sich das etwas erhöhte Tempo bemerkbar. Die vielen Kurven tun ihr Übriges. Aber ich will jetzt nicht langsamer werden. So schnell bekomme ich diese Gelegenheit nicht wieder. Marion bemerkt vom Streckenrand, dass ich nun ernster und angestrengter schaue und immer wieder den Blick auf der Uhr habe. Sie erkennt, was ich vorhabe und ruft mir zu, dass ich es heute schaffe. Dadurch werde ich wieder etwas schneller und laufe mir direkt fast einen Krampf in den hinteren Oberschenkel. Aua aua. Schneller geht's heute einfach nicht mehr.

Nach Runde 22 bin ich immer noch im grünen Bereich: 3:39:20 zeigt die offizielle Uhr. Ich habe die Gefangenen komplett vergessen und spüre nur noch in meine Beine rein. Dort gibt es nur noch Schmerzen. Aber ich laufe weiter mein Tempo. Einige der Marathonis sind schon länger im Ziel und stehen nun auch an der Strecke und feuern ihre Lauffreunde an. Unter ihnen steht auch Marion und ruft mir in jeder Runde beim Vorbeilaufen etwas Aufmunterndes zu.

Die nächste Runde ist geschafft. Eine noch. Ich habe noch mehr Schmerzen beim Abstoppen. Jeder Wendepunkt tut einfach nur noch weh. Die Uhr zeigt 3:49. Die Sekunden nehme ich schon nicht mehr wahr. Das wird echt sehr knapp. Und ich kann nicht mehr. Ich habe in meinen Oberschenkeln so starke Schmerzen und hoffe, dass da nicht auf den letzten Metern noch ein Krampf durchkommt. Jetzt heißt es echt: Beißen!

Auf dem Boden befindet sich irgendwo ein weißer Strich mit der Markierung »1 km«. Hier konnte man in jeder Runde ablesen, wann der erste Kilometer gelaufen war, und seine Geschwindigkeit danach ausrichten, wenn man wollte. Als ich nun zum letzten Mal an diesem Strich vorbei laufe, weiß ich, dass ich noch gut 750 Meter zu laufen habe. Meine Uhr zeigt an, dass ich dafür noch vier Minuten Zeit habe. Ich bin nur leider nicht mehr in der Lage, das auszurechnen. Reicht das oder nicht? Keine Ahnung. Ich renne einfach nur noch, was geht. Immer knapp am Krampf vorbei.

Die letzten Meter sind erreicht. Rechts stehen noch ein paar applaudierende Insassen. Der Zielsprecher nennt meinen Namen und ich schaue auf die Uhr, auf der die Sekunden viel zu schnell verrinnen. Ich erkenne aus der Entfernung nur die 3:59. Erst als ich näher komme, sehe ich, dass es wirklich passt. Knapp, aber egal.

Beim Überlaufen der Ziellinie steht auf der Uhr 3:59:49. Hammer. 11 Sekunden unter vier Stunden. Viel knapper geht's nicht.

Ich habe es geschafft und freue mich ohne Ende darüber. Marion kommt direkt auf mich zu und gratuliert mir. Keine Gedanken mehr an die bedrückende Atmosphäre hier im Knast. Keine Ängste oder bösen Gedanken mehr. Trotz der schweren, kurvenreichen Strecke haben meine Beine durchgehalten. Ich freue mich einfach über die 3:59, mache die Beckerfaust und bin glücklich. Erst später wird mir klar, dass wir ja mit dem Championchip gelaufen sind und dass meine Netto-Zeit etwas besser passt. Aber die so gemessenen 3:59:26 haben auch nicht so viel mehr Luft nach oben.

Ich eiere nun zu den weißen Pavillons und Marion stützt mich sogar etwas, da meine Beine nun wirklich fertig sind. Ich wundere mich immer wieder darüber, wie schnell das geht. In der einen Minute laufen sie noch wie ein Uhrwerk, wenn auch mit Schmerzen. In der anderen kann man kaum noch ein paar Schritte gehen. Und dazwischen liegen nur wenige Augenblicke Stehen oder Sitzen.

Am Verpflegungsstand gönne ich mir nun erst einmal ein Malzbier. Leider hat meine Verdauung wie schon öfter bei anstrengenden Läufen mal wieder den Dienst eingestellt und das schaumige Gebräu kommt direkt wieder raus. Das sieht für Umstehende nicht so gut aus, aber leider kann ich es nicht verhindern.

Marion holt mir meine Tasche und ich watschle damit weiter zur Herrendusche. Als ich die Tasche auspacke, fällt mir mein fehlendes Handtuch wieder ein. Aber das ist jetzt auch egal. Ich habe ja noch mein Shirt, in dem ich eigentlich laufen wollte. Das muss nun als Handtuchersatz herhalten.

Unter der Dusche gibt es keine weiteren, erwähnenswerten Vorfälle. Mir ist nichts hingefallen und meinen Mitduschern auch nicht. Nur das Abtrocknen mit einem Funktionsshirt ist schon wirklich etwas schwierig.

Draußen sitzen Marion und ich noch einige Zeit an der Strecke und beobachten das Geschehen. Es sind noch einige unterwegs. Und ihre Gesichter sehen auch nicht viel besser aus als meines vorhin.

Mir ist immer noch etwas übel. Außerdem beginne ich zu frieren. Daher entschließen wir uns, langsam nach Hause zu fahren. Wir verabschieden uns von unseren Lauffreunden, die inzwischen alle gefinisht haben, und gehen in Ruhe zum

Ausgang. Davor müssen noch ein paar Treppenstufen überbrückt werden, die jetzt in diesem Zustand für meine Beine ein fast unüberwindliches Hindernis bedeuten. Für viele der Menschen, die wir heute hier gesehen haben, bedeuten sie wirklich ein Hindernis. Sie kommen hier nicht rauf und hier nicht raus. Erst irgendwann mal in vielleicht ferner Zukunft. Einen kleinen Eindruck davon, wie es sich hier in der JVA anfühlt, haben wir heute bekommen. Das ist definitiv nichts Anstrebenswertes.

Wir bekommen unsere Ausweise zurück und sogar noch ein paar ausgesuchte Fotos für diese Geschichte dazu. Danach bin ich einfach nur noch froh darüber, im Auto zu sitzen.

An den Tagen danach habe ich einen ganz besonderen Muskelkater. Die Beine schmerzen durch die viele Kurverei viel mehr als sonst. Und selbst im Unterleib und im Beckenboden habe ich starke Schmerzen. Der Knastmarathon war viel schwerer als gedacht. Und das nicht nur wegen der besonderen Atmosphäre sondern in erster Linie wegen der sehr anspruchsvollen Streckenführung.

Zum Glück sind wir wieder entlassen worden. Wir haben unsere 42,195 Kilometer abgesessen oder besser abgelaufen und sind wieder auf freiem Fuß.

Glück auf, Glück auf, die Steigung kommt

Während Ende des 19. Jahrhunderts das Ruhrgebiet dem Höhepunkt der Kohleförderung entgegensah, entdeckte der Dortmunder Heinrich Leonhard Brügman 300 Kilometer weiter östlich in Thüringen bei Probebohrungen ein riesiges Steinsalzlager. Knapp 100 Jahre lang wurden hier zig Millionen Tonnen von Kalisalz gefördert. Inzwischen ist der von Brügman angelegte Schacht zu einem Erlebnisbergwerk umgestaltet worden. Täglich fahren in erster Linie Besucher in den Schacht ein und erleben die Welt unter Tage. Im Vergleich zu früher werden heute nur noch geringe Mengen Salz gefördert, die als Streusalz im Winterdienst auf Deutschlands Straßen Verwendung finden. Ob der alte Herr Brügman sich wohl vor 120 Jahren schon vorstellen konnte, dass sein Schacht mal eine Marathonstrecke wird und dass ein anderer gebürtiger Dortmunder da unten in 700 Meter Tiefe seine Runden drehen möchte? Wer weiß?

Als Kind des Ruhrgebiets bin ich mit Zechen und Kolonien, mit Bergleuten und mit Kohle und Stahl aufgewachsen. Der Anblick von Fördertürmen war für mich etwas ganz normales. Heute sind die meisten davon im Ruhrgebiet verschwunden. Einige wenige sind noch als Industriemuseum erhalten und erzählen stumm von vergangenen Zeiten.

Als ich irgendwann davon höre, dass es in Sondershausen in Thüringen einen Marathonlauf in einem Bergwerk gibt, bin ich sofort Feuer und Flamme. Traditionsreicher kann für mich eine Marathonstrecke ja gar nicht sein. *In einem Bergwerk. Unter Tage. 700 Meter tief unter der Erde.*

Und sogar noch von einem Dortmunder gegründet. Es ist zwar keine Kohlenzeche, aber immerhin ein Salzbergwerk. In einer Kohlenzeche könnte man wohl auch keinen Marathon laufen. Der Kohlenstaub in der Luft machte den Kumpels immer sehr zu schaffen. Viele bekamen wie mein Großvater auch eine Staublunge von der anstrengenden Arbeit unter Tage. Freiwillig in dieser Atmosphäre einen Marathon zu laufen wäre schon sehr unvernünftig und ungesund. Aber in einem Salzbergwerk ist es bestimmt nicht so schlimm. Zumindest gibt es dort keinen Kohlenstaub. Und salzige Luft ist ja eigentlich gesund. Man fährt ja auch ans Meer, um die salzhaltige Meeresbrise zu genießen.

Die Entscheidung, den Untertagemarathon in Sondershausen zu laufen, fällt schnell. Wir sind dabei. Der Termin ist Anfang Dezember und es wird bestimmt etwas Besonderes, zu dieser Jahreszeit bei sommerlichen 28 Grad den Marathon in kurzer Laufkleidung zu laufen.

Als sich der Tag des Untertagemarathons allerdings nähert, stellt sich bei uns etwas ein, was sich zu dieser Jahreszeit kaum vermeiden lässt: Wir sind erkältet. Zuerst ich, dann mit drei Tagen Verzögerung auch Marion. Während ich mich in den letzten Tagen vor dem Marathontag zwar noch nicht vollständig gesund fühle, mir aber zutraue, den Marathon zu laufen, entscheidet sich Marion dazu, nicht anzutreten. Sie will mitkommen und auch mit nach unter Tage, aber eben nicht laufen. Ihre Erkältung und ihre Vernunft lassen das nicht zu. Ich rede mir dagegen ein, dass die salzige Luft im Salzbergwerk gut für meine Atemwege ist und dass ich ja eigentlich schon fast wieder richtig fit bin und dass es schon nicht so schlimm wird und dass… Auf jeden Fall will ich laufen.

Freitagnachmittags fahren wir nach der Arbeit mit dem Auto nach Thüringen. Doris bringt uns wie gewohnt zuverlässig bis zu unserem Hotel, wo wir gegen 21 Uhr ankommen. Da es Anfang Dezember zu dieser Uhrzeit schon seit Stunden dunkel ist, haben wir von der schönen Landschaft des Kyffhäuserkreises nichts gesehen. Wir gönnen uns noch ein kleines Abendbrot und dann geht's schon ab in die Kiste. Morgen früh wollen wir schon wieder zeitig aufstehen.

Samstagmorgen. Ein Frühstück bekommen wir zu dieser frühen Stunde noch nicht, aber wir haben uns ein Lunchpaket bestellt und mümmeln uns zwei belegte Brötchen ohne Kaffee herunter. Das muss reichen.

Als wir vom Hotel die letzten Kilometer bis nach Sondershausen fahren, können wir schon aus einiger Entfernung den beleuchteten Förderturm sehen. Er sieht beeindruckend aus und mit dem Gefühl, dort gleich selbst tief in die Erde einzufahren, noch mehr.

Gegen 7:30 Uhr sind wir dort und parken unser Auto auf dem Gelände des Bergwerks. Es ist immer noch dunkel und der angestrahlte Förderturm wirkt von hier unten jetzt sehr mächtig. Die Räder drehen sich und ich stelle mir vor, dass an dem über dem Rad laufenden Stahlseil ein Korb mit Menschen oder Materialien hängt, der jetzt gerade 700 Meter tief in die Erde abgelassen wird. Ich blicke nach unten auf den Boden und in meiner Vorstellung sehe ich das tiefe Loch, den Schacht, und die vielen Gänge, die sich kilometerweit in alle Richtungen verzweigen. Es ist eben ein Werk. Eine riesige Fabrik. Nur unter der Erde.

In einem Gebäude in der Nähe des Förderturms bekommen wir unsere Startunterlagen, obwohl Marion sie eigentlich ja nicht benötigt. Aber für ihre Einfuhrerlaubnis in das Bergwerk braucht sie sie halt doch. Zuschauer können bei diesem Marathon gar nicht so einfach wie gewohnt an die Strecke kommen, denn auch sie müssen ja mit großem Aufwand nach unten befördert werden. Außerdem müssen wir unsere Helme vorzeigen und unsere Stirnlampen ebenfalls. Die sind heute Pflicht und wir werden angehalten, die Fahrradhelme bereits jetzt aufzusetzen. Wir sind ja nun schon auf dem Zechengelände und hier herrschen strenge Sicherheitsregeln. Unsere Stirnlampen haben wir bereits zuhause mit Kabelbindern an den Helmen befestigt, so dass wir ohne großen Aufwand startklar sind.

Mit vielen weiteren behelmten Teilnehmern gehen wir nun zum Fuße des Förderturms. Dort müssen wir in einer langen Schlange darauf warten, nach unten befördert zu werden. In regelmäßigen Abständen klingelt es zweimal laut. Dann ist immer wieder ein Fahrkorb oben und die nächste Gruppe von Läufern und Zuschauern darf nach unten.

Endlich sind wir in Sichtweite des Fahrkorbs. Eine Stahlschiebetür fährt zur Seite und macht den Blick auf den eigentlichen Korb frei. Ein Bergmann schiebt eine Falttür auf und das nächste Grüppchen darf einsteigen. Die Falttür wird wieder geschlossen, die Stahlschiebetür fährt zu und der Korb rappelt los. Das Ganze wirkt auf uns etwas provisorisch und nicht wirklich sicher. Aber es geht halt nur darum, Menschen und Materialien möglichst schnell und einfach nach unten und wieder nach oben zu bringen. Da wird auf Optik keinen Wert gelegt. Die Sicherheit wird in Bergwerken dagegen sehr groß geschrieben. Also wollen wir uns mal vom optischen Eindruck nicht beeinflussen lassen.

Wir schrecken durch das laute Klingeln noch mehrfach auf, doch dann sind wir endlich dran. Wir stehen vorne in der Schlange und nach dem nächsten Klingeln und Türen öffnen, steigen wir als erste in den Fahrkorb. Marion schaut mich entgeistert an. Ich kann ihre Gedanken lesen, denn ich fühle das Gleiche. Während sich ungefähr 10 bis 12 weitere

Personen in den leicht wippenden Fahrkorb quetschen, sind unsere Gedanken bei den 700 Metern Nichts, die sich unter dem Bodenblech befinden. 700 Meter in der Höhe oder Tiefe kann man sich irgendwie nicht vorstellen. Der Dortmunder Fernsehturm ist mit Antenne nur gut 200 Meter hoch, selbst der riesige Eifelturm in Paris sogar nur gut 300 Meter… an dieser Stelle beende ich den Versuch, mir 700 Meter Nichts unter unseren Füßen vorzustellen. Ich bekomme Muffensausen.

Der Bergmann schließt die Falttür, die Stahltür rollt wieder zu und dann rattern wir los. Es ist bis auf ein winziges Lämpchen stockdunkel. Wir stehen mit rund 12 Personen dicht gedrängt in dem Korb und rasen nach unten. Ein paar Witzchen werden gemacht, aber das lockere Gerede wirkt eher so, als wenn man sich die Angst raus redet. Ich glaube, hier sind alle gleich froh, wenn wir unten aussteigen können.

Ich spüre in meinem Rücken die Korbwand und lehne mich an. Als sie direkt nach außen nachgibt, bekomme ich fast einen Herzinfarkt. Das Muffensausen verstärkt sich schlagartig und ich kriege Gummibeine. Das ist gar keine Wand, sondern auch nur eine Falttür aus Kunststoff. Boah…

Die Fahrt dauert höchstens anderthalb Minuten. Rasend schnell haben wir uns nach unten bewegt, was wir durchaus auch in unseren Ohren wahrnehmen können. Da kommt kein Kaufhausfahrstuhl mit. Dafür gibt es dort allerdings Musik und gedämpftes Licht. Die bekommen wir aber von einer Sekunde auf die andere jetzt auch, als plötzlich jemand hinter meinem Rücken die zweite Falttür öffnet. Wir sind unten.

Ein weiterer Bergmann begrüßt uns mit den Worten »Glück auf!« und wir verlassen den Korb. Es verschlägt mir den Atem. Wir befinden uns in einem riesigen Gang.

Der Boden, die Wände, die Decke, alles ist hellgrau und in einiger Entfernung steht ein roter aufblasbarer Zielbogen mit der Aufschrift »Willkommen«. Laut erschallt deutsche Schlagermusik und überall laufen bunte, behelmte Laufsportler herum. Aber das Eigentliche, was mir im wahrsten Sinne des Wortes gerade den Atem raubt, ist die warme, dicke Luft. Mir fehlen die Worte, diese Luft richtig treffend zu beschreiben. Sie ist einfach dick. Vielleicht ist sie so wie in einem Maschinenraum eines alten Motorschiffes oder wie in einem U-Boot oder wie in einem alten, öligen Heizungskeller. Oder eben wie 700 Meter tief unter der Erde.

Marion schaut mich entsetzt an und fragt mich, ob ich allen Ernstes gleich in dieser Atmosphäre einen Marathon laufen möchte. Und das noch mit einer noch nicht ganz verschwundenen Erkältung. Meine Erklärungen über gesunde, salzige Meeresluft können sie jetzt nicht mehr überzeugen. Aber ich bin ja nicht der Einzige hier und der Untertagemarathon findet auch nicht zum ersten Mal statt. So schlimm wird es wohl nicht werden.

Wir bewegen uns mit den anderen aus unserem Korb langsam den Gang entlang und lassen uns weiter von der Atmosphäre beeindrucken. Die Musik wird immer lauter und wir stehen nun direkt dort, wo gleich der Start stattfinden wird. Hier gibt es alles, wie bei jeder anderen Laufveranstaltung auch. Eine elektronische Zeitnahme mit einer großen Anzeige, eine sich gerade im Aufbau befindliche Versorgungsstelle und jede Menge Gewusel um uns herum.

Wir schlendern erst einmal weiter. In einer Wandnische entdecken wir eine Statue der heiligen Barbara, der Schutzpatronin der Bergleute. Hoffentlich passt sie heute auch gut auf uns Läufer auf. Wir witzeln anschließend darüber, dass ich nun von zwei Barbaras supportet werde. Schließlich ist Marions zweiter Vorname ebenfalls Barbara.

In dem Stollen hinter der heiligen Barbara beginnt der Erlebnisbereich. Viele Tische und Bänke laden dazu ein, sich zu setzen und sich erst einmal ans Klima zu gewöhnen. Beleuchtete Vitrinen zeigen Utensilien und Werkzeuge aus alten Tagen. Wir entdecken den tiefsten Konzertsaal der Welt, einen riesigen in den salzigen Fels geschlagenen Raum mit Bühne und hunderten von Sitzplätzen. Sogar eine Kegelbahn gibt es hier unten und eine Bar, die durch die bunte Beleuchtung sehr futuristisch wirkt. Wir verstehen inzwischen den Ausdruck »Erlebnisbergwerk«.

Wir suchen uns dann ein freies Plätzchen an den Tischen und parken dort unsere Taschen. Ich trinke hier nun meinen halben Liter Maltodextrinlösung wie vor jedem langen Lauf, bin mir aber direkt sicher, dass er in keiner Weise reichen wird. Es ist sehr warm hier unten. Auf der Internetseite stand etwas von 28 Grad. Und das Salz in der Luft kann man bereits schmecken. Genügend zu trinken wird wohl heute die wichtigste Aufgabe werden.

Wir sitzen noch einige Zeit an unserem Tisch, treffen den einen oder anderen Laufkumpel, den es auch hierher verschlagen hat, und versuchen uns dabei, an die dicke Luft zu gewöhnen. Dann mache ich mich endlich lauffertig. Ich ziehe den Trainingsanzug aus, die kurzen Sommertights und das Laufshirt an und setze danach sofort wieder den Helm auf. Marion kontrolliert noch den Sitz meines Helms, die Befestigung der Stirnlampe und macht mir die Startnummer an meinem Nummernband fest. Ein letztes Mal flitze ich zur Toilette, vor der auch hier wie immer lange Schlangen stehen. Dann bin ich startbereit. Der Marathon kann von mir aus beginnen.

Wir schlendern wieder an der heiligen Barbara vorbei in Richtung Startbereich. Über die Lautsprecheranlage schallt das Bergmannslied »Glück auf, Glück auf, der Steiger kommt«. Dieses Lied kenne ich aus meiner Kinderzeit nur zu gut. Es wurde im Ruhrgebiet oft bei allen möglichen öffentlichen Veranstaltungen gespielt. Die Hymne des Reviers. Und hier nehme ich sie als Zeichen dafür, dass Kohlenzechen und Salzbergwerke doch ganz viel gemeinsam haben. Und dafür, dass ich als gebürtiger Dortmunder in dieser Tiefe den Marathon finishen kann. Schließlich habe ich ja meine eigene »heilige Barbara« dabei, die heute aber leider nur am Streckenrand wartet.

Ich verabschiede mich erst einmal von Marion und begebe mich in das Startfeld, das sich nun um kurz vor 10 Uhr langsam füllt. Die vielen Läufer mit Helm und Stirnlampe bieten ein komisches Bild. Einige haben zusätzlich noch Rückleuchten an ihren Helmen oder blinkende Lämpchen am Körper. Aufgeregtes Gerede nehme ich um mich herum wahr. So wie es scheint, ist nicht nur für mich der Marathon hier etwas Besonderes. Es liegt einfach eine ganz eigene, irgendwie fremde, ungewohnte Atmosphäre über allem. Das Grau der Umgebung? Die warme, dicke Luft? Das Gefühl, 700 Meter tief in der Erde zu sein? Das Laufen mit Helm? Oder das alles zusammen? Ich weiß es nicht. Mir wird jetzt noch mehr klar, dass der Untertagemarathon ein besonderes Abenteuer wird.

Wir warten gespannt auf den Start. Es schallt immer noch laute Musik aus der Anlage und mit den vielen, aufgeregten Stimmen und dem rhythmischen Klatschen der Teilnehmer erzeugt sie nun eine eigenartige, akustische Stimmung. Als dann der Countdown von uns laut mitgezählt wird, könnte man richtig Angst bekommen. Der Hall in diesem großen Gewölbe ist schon gewaltig. Wir hören uns an wie wilde Tiere oder Monster. Bei Null angekommen setzt sich die Herde mit lautem Gebrüll in Bewegung. Der Marathon beginnt.

Kuhglocken läuten, Zuschauer jubeln und klatschen Beifall, die Musik schallt weiter, wir setzen uns in Bewegung. Im Vorbeilaufen ein schneller Abschied von Marion und dann bin ich auch schon in der ersten Runde. In der Ersten von immerhin acht. Jede Runde hat ungefähr 5,3 Kilometer und dazu 110 Höhenmeter, worüber ich mir bisher noch gar keine Gedanken gemacht habe. Acht Runden, das sind nicht nur 42,2 Kilometer sondern auch noch volle 880 Höhenmeter. Das ist schon ordentlich anspruchsvoll. Und dazu die dicke, trockene, warme Luft. Mir fällt gerade ein Zitat von der Internetseite des Untertagemarathons ein: »Nur sehr gut trainierte Läuferinnen und Läufer sollten sich dieser wohl härtesten Marathonstrecke stellen.« Na ja… meine Erkältung ist ja fast weg.

Nach der ersten Linkskurve sind wir sofort im Dunkeln. Vereinzelte Leuchtstoffröhren hängen in größeren Abständen an der Stollenwand. Dazwischen ist es stockdunkel und ich bin jetzt froh darüber, dass wir alle unsere Stirnlampen und Helme aufhaben. Das Bild der vielen weißen Lämpchen, die sich durch die Dunkelheit winden, beeindruckt mich und ich drehe mich mehrfach um, um den Anblick der hinter mir Laufenden zu bewundern.

Die Strecke windet sich nach links, ein paar Meter weiter nach rechts, leicht rauf, dann wieder runter. Und der Boden ist vollständig bedeckt mit irgendeinem Staub. Mehrere Zentimeter dick liegt er auf der ganzen Strecke und erst später erkenne ich, dass es sich dabei um pulverisiertes Steinsalz handelt. Dieser Staub schluckt den Lärm und die Geräusche der Marathonis, was eine neue aber ebenfalls komische, fremde Atmosphäre erzeugt. Es liegt nun eine gewisse, Geräusche dämpfende Stille über allem. So wie im Winter beim Laufen im frischen Schnee. Nur im Moment eben bei 28 Grad.

Dazu kommt jetzt etwas, das mir nun doch Sorgen bereitet. Im Licht meiner Stirnlampe sehe ich Millionen von Salzstaubflocken in der Luft. Direkt vor meinen Augen. Und damit auch direkt vor meiner Nase und vor meinem Mund. Das ist der dick auf dem Boden liegende Staub, der nun durch die vielen hundert Läufer aufgewirbelt wird. Und den atmen wir jetzt stundenlang ein. Richtig tief wird er inhaliert. Die Fantasien von salzhaltiger Meeresluft sind wie weggeblasen. Wirklich gesund können diese Flocken nicht sein.

Aber was soll's. Das kann ich jetzt nicht ändern. Ich laufe weiter und weiter und habe gar kein Gefühl dafür, wie weit ich schon bin. Kilometermarkierungen finde ich nicht und meinen Garmin habe ich gar nicht erst dabei. Der fände hier unten sowieso keine Satelliten. So viel ist sicher.

Der weiche Boden kostet langsam Kraft. Und die trockene, warme, dicke Luft tut ihr Übriges dazu. Zusätzlich nehme ich jetzt wahr, dass sich die vor mir laufenden Lichter in die Höhe bewegen. Da scheint eine lange, steile Steigung zu kommen.

Diese lange Rampe ist so steil, dass ich sie nur gehend bewältigen kann. Meine Füße rutschen bei jedem Schritt wieder etwas nach hinten, wenn ich zu wenig Salzstaub unter den Sohlen habe. Unter dem Staub ist das Salz glatt wie Eis. Erst in der Kombination mit der dicken Staubschicht ist der Boden belaufbar.

Ich quäle mich die Rampe hinauf und schätze sie auf eine Länge von 500 bis 800 Meter, was aber nicht stimmen muss, da mir jegliche Orientierungspunkte fehlen. Ich ächze, pruste und schwitze nach oben und bin glücklich, als ich endlich sehe, dass es nun wieder bergab geht. Mein Gesicht klebt inzwischen vor Salz, das sich auf meiner geschwitzten Haut abgesetzt hat. Und ich habe ohne Ende Durst.

Nach einiger Zeit komme ich an den ersten Verpflegungsstand. Hier genieße ich erst einmal mehrere Becher Wasser und lösche damit meinen starken Durst. Weil hier etwas mehr Licht ist, schaue ich nun auch mal auf meine Uhr. Erschreckend stelle ich dabei fest, dass ich gerade erst 20 Minuten unterwegs bin. Mir kommt die bisher gelaufene Zeit wie eine Ewigkeit vor. Und ich habe erst eine halbe Runde geschafft.

Ich laufe weiter und bemerke nun, dass die zweite Hälfte der Runde nicht so starke Steigungen aufweist wie die Erste. Sie ist besser belaufbar, auch wenn der Boden so glatt und staubig bleibt.

Nach einiger Zeit wird es plötzlich hell um mich herum. Gleichzeitig brummt etwas hinter mir recht laut. Da kommt ein Geländewagen mit einem Filmteam, das einen Bericht über den Untertagemarathon dreht. Der Wagen fährt einige Zeit hinter mir her und überholt dann endlich. Dabei wirbelt er hinter sich noch viel mehr von dem Staub auf als die Läufermenge. Das ist ja klasse. Aber die Luft anhalten kann ich nicht. Im Gegenteil. Ich inhaliere ganz tief und bei jedem Atemzug sauge ich mir tausende Flocken in die Lunge. Dabei versuche ich mir einzureden, dass das jetzt nicht der richtige Moment ist, um darüber nachzudenken. Da muss ich jetzt durch. Genau wie alle anderen hier unten auch.

Der Stollen ist hier nun länger und gerader. Dadurch wirkt er unendlicher und ich habe jetzt überhaupt keine Ahnung, wie weit ich schon (oder erst) bin. Ich kann kaum glauben, dass ich immer noch in der ersten Runde bin. Das Teilnehmerfeld hat sich inzwischen schon gut auseinander gezogen und ich bin teilweise allein. Nur in einiger Entfernung kann ich vor und hinter mir noch Stirnlampen sehen. Das ist ein gutes Gefühl, denn sonst wäre es hier ganz schön einsam und unheimlich.

Nach einer gefühlten Ewigkeit höre ich in der Ferne ein leises Glockenläuten. Als ich näher komme, sehe ich am Streckenrand ein paar Zuschauer, die mit Kuhglocken die Teilnehmer begrüßen. Die ersten Zuschauer an der Strecke. Kaum zu glauben. Aber nach den nächsten paar Biegungen bin ich plötzlich wieder im Start-/Zielbereich. Ich habe tatsächlich die erste Runde geschafft. Nach einem Blick auf meine Uhr sehe ich, dass ich für die ersten 5,3 Kilometer und 110 Höhenmeter gut 40 Minuten gebraucht habe. Gefühlt bin ich schon viel länger unterwegs. Das geht ja noch.

Ich schaue in die Gesichter der Zuschauer, die hier nun doch in verhältnismäßig größeren Gruppen am Rand stehen, und suche Marion. Sie ist aber nicht zu finden, also laufe ich weiter, nachdem ich mich am Verpflegungsstand richtig satt getrunken habe. Sieben Runden noch. Aber darüber darf ich im Moment nicht nachdenken.

Zu Beginn der zweiten Runde laufe ich erneut durch den sich windenden Stollen. Hier entdecke ich eine Dixi-Toilette, die ich wohl vorhin im Anfangsgedränge übersehen habe und die aussieht, als wäre sie total vereist. Das ist bei einer Temperatur von 28 Grad aber wohl eher nicht der Fall, so dass es sich bei dem Eis eben auch nur um das sich überall befindende Salz handelt. Eine dicke Kruste befindet sich auf dem Kunststoff des Toilettenhäuschens und ich überlege, ob das ein Klo für den heutigen Marathon ist oder ob das Ding hier schon Jahre steht.

Als ich erneut an die lange, steile Rampe komme, entdecke ich Marion am Streckenrand. Sie hat sich entschieden, eine Runde über die Strecke zu wandern. Sie möchte wenigstens die Strecke kennenlernen, auch wenn sie den kompletten Marathon nicht laufen kann. Das Wandern geht einigermaßen, aber auch Marion schwitzt schon aus allen Poren. Sie wundert sich, wie wir bei diesem Klima überhaupt den Marathon durchhalten wollen. Die vielen Salzflocken in der Luft hat sie auch wahrgenommen und nun macht sie sich Gedanken darüber, was ich gerade mit meiner Gesundheit mache. Der Husten war noch nicht ganz weg und jetzt inhaliere ich Millionen von Salzflocken.

Über ihre Sorgen mache ich mir beim Weiterlaufen noch länger Gedanken, aber ich fühle mich körperlich noch einigermaßen gut, auch wenn ich schon die Höhenmeter und die ungewohnte Wärme spüre. Auch das Tragen des Helms ist inzwischen ganz egal. So wie bei einer Armbanduhr. Man spürt sie nach einiger Zeit nicht mehr.

Ich komme zum zweiten Mal an den Verpflegungsstand auf der halben Runde, tanke wieder ordentlich nach und laufe dann weiter. Als ich erneut in den Start-/Zielbereich komme und damit die zweite Runde beendet habe, schaue ich auf eine große Anzeige. Dort entdecke ich meinen Namen, meine Zeit von 1:20 Stunden und die noch zu laufenden sechs Runden. Allerdings steht vor mehreren anderen Namen auch schon: Noch 5 Runden zu laufen! Das bedeutet, dass ich tatsächlich schon mehrfach von anderen Läufern überrundet worden bin. Das finde ich echt beeindruckend. Wie kann jemand hier unten so schnell laufen? Nach zwei Runden habe ich jetzt 220 Höhenmeter überwunden. Ich bin ja schon einige bergige Strecken gelaufen. Auch welche mit mehr Höhenmetern. Aber das hier ist schon etwas Besonderes. Hier unten zählen die Höhenmeter doppelt.

Beim Weiterlaufen mache ich mir aber doch Gedanken über meine Zeit. 1:20 für zwei Runden. Wenn ich mein Tempo halte, schaffe ich vier Runden in 2:40. Das ist ein Problem, denn mir fällt ein, dass ich vorher gelesen habe, dass der Veranstalter für den Halbmarathon ein Zeitlimit festgesetzt hat. Wenn ich mich recht erinnere, lag das bei 2:30 Stunden. Ich bin zu langsam. Aber wie soll ich auf den nächsten zwei Runden zehn Minuten rausholen. Das schaffe ich nie.

Trotzdem laufe ich weiter, denn ich weiß, dass noch viele andere Starter hinter mir sind. Die werden doch nicht so viele Teilnehmer einfach aus dem Rennen nehmen. Das kann ich mir nicht vorstellen. Gleichwohl macht es natürlich Sinn, dass sich so ein Event unter diesen Bedingungen nicht unendlich in die Länge zieht.

Die Runde 3 beende ich nach gut zwei Stunden, was bedeutet, dass ich nicht schneller geworden bin. Keine Chance. Mehr geht nicht. Ich schnaufe und schwitze jetzt schon wie ein Berserker. Und ich sehne mich immer nach dem nächsten Verpflegungsstand.

In der vierten Runde fahren zwei Sanitäter auf Mountainbikes an mir vorbei und fragen mich, ob es mir gut geht. Als ich bejahe, wünschen sie mir weiterhin alles Gute und fahren weiter. Es ist ein gutes Gefühl zu wissen, dass sie hier rumradeln und auf uns aufpassen. Wir wollen uns ja nicht ausschließlich auf die heilige Barbara verlassen.

Nach einiger Zeit laufe ich ein paar hundert Meter mit einem Läuferpaar zusammen, das den Untertagemarathon schon einmal gelaufen ist. Als ich etwas rumjammere und von meinen Sorgen bezüglich des Zeitlimits beim Durchlaufen des Halbmarathons berichte, beruhigen sie mich ein wenig. Das Limit liegt gar nicht bei 2:30 sondern bei 2:45. Und so ganz streng und konsequent würde es wohl auch nicht eingehalten.

Mit dieser Erkenntnis beende ich die vierte Runde in 2:41 Stunden. Für einen Halbmarathon ist das schon sehr langsam, aber ich bin noch vier Minuten unter dem Limit. Ich freue mich darüber und darf weiter laufen. Marion hat ihre Wanderrunde inzwischen beendet und ist davon richtig erschöpft. Sie hängt mir halt ein paar Tage mit der Erkältung hinterher und ihr fehlt noch Kraft. Aber ich freue mich darüber, dass sie hier mit mir zusammen tief unter der Erde ist und das Abenteuer mitlebt.

Ich laufe weiter und auf den nächsten Runden bin ich noch einsamer als bisher. Das Feld hat sich mittlerweile noch stärker auseinander gezogen und nur hier und da überrundet mich mal jemand. Oder ich laufe auf jemanden auf, den die Kräfte verlassen haben. Ansonsten ist das hier ein einsames Rennen.

Ich schwitze weiterhin ohne Ende, meine Haut verkrustet langsam aber sicher und ich kämpfe mich laufend und die lange Rampe gehend etappenweise immer bis zum nächsten Verpflegungsstand. Diese blöde Rampe wird irgendwie immer steiler und sie macht mir in jeder Runde immer größere Mühe. Meine Kräfte in den Beinen schwinden dahin. Die Oberschenkel fühlen sich an, als würden sie gleich anfangen zu krampfen.

Normalerweise weist das bei mir als Starkschwitzer immer auf einen Salzmangel hin, was aber heute definitiv nicht der Fall sein kann. Oder etwa doch?

Ich bin in Gedanken und trabe so vor mich hin. Dabei grüble ich darüber nach, warum ich mir das hier eigentlich antue, und komme zu keinem Ergebnis. Ich bin einfach nur noch fertig und erschöpft. Mein Atem macht einer Dampflok inzwischen alle Ehre. Ich klebe am ganzen Körper und will nur noch endlich ins Ziel kommen.

Nach unendlich langer Zeit marschiere ich zum achten und letzten Mal die Rampe hoch, genieße zum letzten Mal den Verpflegungsstand und mache mich auf die letzten Kilometer. Als ich endlich wieder Musik höre und es um mich herum wieder heller wird, kann ich es nicht glauben. Die letzte Kurve, die letzten 30 Meter noch und ich bin im Ziel. Der Untertagemarathon ist geschafft. Unglaublich. 5:42 Stunden habe ich gebraucht. Für 42,2 Kilometer und für 880 Höhenmeter.

Ich bekomme eine Medaille umgehängt und torkele erschöpft durch den Zielkanal. Marion empfängt mich und nimmt mich mit einer rümpfenden Nase in ihren Arm. Das will bei ihrer Erkältung schon was heißen.

Sie bringt mich zu der Sitzbank, an der wir unsere Taschen hinterlassen haben. Dort setze ich mich hin und lege direkt meinen Kopf auf den Tisch. Ich bin total fertig. Es fühlt sich allerdings ganz anders an als sonst. Es ist mehr eine Ganzkörpererschöpfung. Zwar schmerzen die Beine wie das schon mal so ist nach einem anstrengenden Marathon, aber trotzdem ist es heute anders. Ich bin platt und alle. Und das überall.

Hier sitzen wir eine ganze Stunde. So nach und nach ziehe ich mich um, trinke Wasser und esse etwas und lege immer wieder meine salzige Birne auf den Tisch. Duschen gibt es hier unten nicht, daher reibe ich mir das Salz mit einem Handtuch von der Haut. Das Salz geht ganz gut ab, der Mief nicht.

Als wir uns entschließen, wieder nach oben zu fahren, müssen wir erst noch die lange Schlange am Fahrkorb überwinden. Aber dann sind wir endlich dran und sausen wieder rappelnd nach oben. Über den tiefen Abgrund unter unseren Füßen mache ich mir jetzt keine Gedanken mehr. Ich will einfach nur noch ins Auto und nach Hause.

Oben angekommen treten wir erst aus dem Korb heraus, dann aus der Halle und stellen verwundert fest, dass es schon wieder dunkel ist. Na klar. Es ist fast 18 Uhr. Es ist schon wieder Abend. Der Ausdruck »Unter Tage« bekommt für uns heute eine ganz neue Bedeutung. Wir haben den Tag heute verpasst. Wir waren unten. Unter der Erde und unter dem Tag. Eben unter Tage. Aber die kühle, klare Luft ist jetzt hier oben einfach wunderbar. Wir genießen es, ein paar Atemzüge einfach nur tief zu atmen. Ganz tief. Das tut gut. Das Laufen zeigt einem manchmal, wie herrlich ganz einfache Dinge sein können. Ein Schluck Wasser kann das köstlichste Getränk sein. Oder einfach mal kurz zu sitzen kann so gut tun. Oder eben ein ganz tiefer Atemzug kühler, klarer Luft. Aaaaaaah…

Als ich ins Auto einsteige, stoße ich mit meinem Helm gegen das Autodach. Ich spüre gar nicht mehr, dass ich ihn immer noch aufhabe. Nach dem Absetzen fühle ich mich dann sogar am Kopf richtig nackt.

Auf dem Weg nach Hause unterhalten wir uns im Auto darüber, dass wir gestern und heute in Thüringen waren und einfach nichts davon gesehen haben. Es war immer dunkel, wenn wir oben waren. Dem Tageslicht sind wir heute entflohen, denn tief unter der Erde haben wir uns versteckt. 700 Meter tief, bei unserem großen Abenteuer »Untertagemarathon«.

In der darauffolgenden Woche lerne ich eine neue Art von einem Erkältungssymptom kennen: Starker Husten mit einem pattexähnlichen Auswurf. Irgendein dickes, blasgelbes, klebendes Etwas verlässt meinen Hals beim Husten. Was das ist, weiß ich nicht. Auf jeden Fall schmeckt es sehr salzig.

Von einem, der loslief, das Fürchten zu lernen

Beim Monschau Marathon lernen wir im Startfeld einen niederländischen Marathonläufer kennen: Rinus van der Wal. Wir sind uns sofort sympathisch und erzählen uns gegenseitig von unseren vergangenen und zukünftigen Laufabenteuern. Nachdem er uns nach kurzer Zeit ebenfalls in die Kategorie »Laufverrückte« einsortiert, lädt er uns zu einem Lauf nach Holland ein. Er selbst veranstaltet Ende Januar einen Strandlauf in Noord Holland, den »Dutch Coast Ultra Run by Night«. Es gibt zwei Strecken über 50 und 90 Kilometer. Das ist schon recht außergewöhnlich lang für einen Strandlauf, denn der Sand unter den Füßen kostet bestimmt ordentlich Kraft. Das noch verrücktere an diesem Event ist aber der Zeitpunkt. Der Start ist um 22 Uhr abends und das eben Ende Januar.

In den nächsten Monaten halten wir über das Internet Kontakt zu Rinus und bekommen nach und nach weitere Informationen über den Strandultra. Irgendwann fällt dann letztendlich die Entscheidung, dass ich den 50er laufen werde. 90 Kilometer sind mir für diesen anstrengenden Strandlauf einfach definitiv zu weit. Marion wird nicht teilnehmen, da sie sich in dieser Zeit in der Vorbereitung auf den Föhr Marathon befinden wird, bei dem sie einen Bestzeitenversuch unternehmen möchte. Und dann passt so ein verrückter, nächtlicher Strandultra einfach nicht ins Programm.

Einige Wochen vor dem Nachtlauf hält Rinus uns mit immer neuen Schauergeschichten auf dem Laufenden. Ein

Schiff läuft bei einem Sturm auf Grund und liegt auf Rettung wartend in geringem Abstand vor der Küste. Da dies aber erst auf dem hinteren Stück der 90er Strecke passiert ist, werde ich es wohl nicht sehen. Dann lädt Rinus ein Video ins Internet, das er bei einer Sturmflut zwei Wochen vor dem Event aufgenommen hat. Darin ist zu sehen, wie das Meer in hohen Wellen den ganzen Strand überspült, so dass es keine Möglichkeit gibt, trockenen Fußes am Strand entlang zu laufen. Dann warnt er noch vor einer schwarzen Rohrleitung, die quer über den ganzen Strand verläuft und die man im Dunkeln nicht sehen kann. Alles Dinge, die mich nicht unbedingt sicherer machen. Aber als Laufverrückter lässt man sich davon natürlich nicht abschrecken. Ich freue mich auf den Strandultra, aber immerhin mit gemischten Gefühlen. Es wird ein Abenteuer.

Als der Tag des Strandlaufs endlich erreicht ist, schlafen wir morgens richtig aus und machen uns dann nach einem guten Frühstück und einem Teller Nudeln zum Mittag auf den Weg nach Holland. Bei einem Lauf abends um 22 Uhr habe ich das Problem, das ich gar nicht richtig weiß, wie ich die läufergemäße Energieversorgung organisieren soll. Abends noch etwas Ordentliches essen kann ich vor so einem Lauf nicht. Also ist das Mittagessen die letzte richtige Mahlzeit, aber halt in weitem Abstand zum Startzeitpunkt. Daher versorge ich mich letztendlich nur noch mit bunten, in handlichem Format portionierten Kohlenhydraten: mit Gummibärchen.

Wir fahren zuerst nach Neuss, um Marions Freundin Steffi abzuholen. Sie will sich mit Marion die Nacht um die Ohren schlagen, denn auch das wird nicht einfach werden. Marion möchte mich ja mit dem Auto zum Start nach Den Helder bringen, dann in Petten bei halber Strecke mit Energienachschub versorgen und schließlich wieder in Castricum im 50er-Ziel einsammeln. Auch für Steffi und Marion, meine beiden Supporterinnen für diesen Lauf, wird es wohl eine lange Nacht werden.

Als wir uns von Neuss aus mit Steffi endlich auf den Weg nach Holland machen, schaffen wir genau drei Kilometer, bis wir bereits in einem ersten Stau stehen. An einem Freitagnachmittag ist so eine lange Autobahnstrecke kaum ohne Stau zu schaffen. Aber wir haben ja Zeit genug. Also bleiben wir gelassen und warten auf das Ende der Stau verursachenden Baustelle.

Irgendwann können wir wieder Gas geben und bemerken nach ein paar Minuten die rot blinkende Warnlampe unseres Kühlwassers. Das Auto wird heiß. Oh Mann. Es läuft ja richtig gut heute.

An der nächsten Tankstelle halten wir an, öffnen die Motorhaube und stehen in einer riesigen Wolke aus Wasserdampf. Der Motor kocht.

Was nun? Ich versuche, Wasser nachzufüllen und damit den Motor wieder abzukühlen. Aber zwecklos. Bei jedem neuen Startversuch kocht das Wasser sofort wieder über. Wir kommen nicht weiter.

Da wir noch in der Nähe von Neuss sind, ruft Marion ihren Vater an, der uns schnellstens zu Hilfe kommt. Aber auch er kann den Wagen nicht wieder fahrbereit kriegen und so rufen wir schließlich den Pannendienst an. Ein Abschleppwagen kommt und bringt unseren Wagen zur nächsten Werkstatt. Dort lassen wir erst einmal unser Auto stehen und bekommen leihweise den Wagen von Marions Mutter. Inzwischen ist es aber leider schon 20 Uhr und es gibt keine Chance mehr darauf, irgendwie pünktlich um 22 Uhr in Den Helder zu sein, da wir von hier aus noch über

300 Kilometer fahren müssen. Das war es dann wohl mit den Dutch Coast Ultra…

Sind das alles Zeichen? Soll ich vielleicht gar nicht nach Holland fahren und an diesem verrückten Lauf teilnehmen? Will mich jemand davon abhalten, mir die Nacht bei einem Strandlauf um die Ohren zu schlagen? Ich grüble und weiß nicht, was wir nun machen sollen. Pünktlich kommen wir auf gar keinen Fall mehr zum Start. Aber wir haben ja nun den Ersatzwagen. Und einsam würde der Lauf sowieso. Wenn sich nur knapp 70 Läufer auf so eine lange Strecke machen, zieht sich das Startfeld immer schnell auseinander und man läuft auf jeden Fall ziemlich allein. Aber man hätte immerhin noch Sichtkontakt zu den anderen Teilnehmern vor und hinter sich. Brauche ich den? Ich kann doch auch gut allein mit mir klar kommen und laufe auch gerne mal allein. Nur mit meinen Gedanken. Wir könnten ja eigentlich noch nach Holland fahren und ich könnte mich allein auf die Strecke begeben. Da es ja am Strand entlang geht, kann ich mich nicht verlaufen. Ich laufe einfach hinter den anderen Ultraläufern hinterher. Ist doch gar kein Problem.

Also… Wir entscheiden uns dafür, doch noch nach Den Helder zu fahren. Ich werde trotz allem den Ultra laufen.

Nach insgesamt neunstündiger Fahrt kommen wir schließlich kurz nach 23 Uhr inzwischen ganz schön müde in Den Helder an und suchen das Hotel, von dem der Ultra beginnen sollte. Da wir in dem Leihwagen unsere Doris nicht dabei haben, müssen wir etwas suchen, aber mit ein wenig Glück finden wir tatsächlich erst die richtige Straße und dann auch das Hotel. Der Hotelier wundert sich ein wenig über unsere Geschichte, erzählt uns dann aber begeistert von dem Start der Strandläufer hier vor dem Hotel. Seine Schilderungen bestärken mich in dem Vorhaben, nun wirklich allein auf die Strecke zu gehen. Marion und Steffi erklären mir noch, dass mein einsamer Start schon ganz schön »bekloppt« ist, aber jetzt sind wir nun mal da. Also wird auch gelaufen.

Bis ich umgezogen bin, vergeht auch noch einige Zeit. Die Temperatur ist ungefähr bei 0 Grad und da ich nicht weiß, wie windig es am Strand sein wird, packe ich mich ein, als würde ich gleich den Südpol erforschen. Drei Laufhemden und -pullis, eine winddichte Jacke, einen Buff, um den Hals abzudichten, meine Trail Run Wintermütze, die dicke lange Laufhose, die neuen Gamaschen, die ich mir extra bestellt habe, um keinen Sand in die Schuhe zu bekommen, Taschenlampe, Handschuhe, Stirnlampe und mein Trinkrucksack. Dazu etwas Geld und mein Handy für den Notfall. Die Ausrüstung ist komplett. Die Expedition kann beginnen.

Es ist inzwischen Mitternacht. Wir drei einsamen Gestalten stehen vor dem Hotel und rätseln darüber, in welcher Richtung wohl das Meer zu suchen ist. Keine Ahnung. Ich muss nach Westen an die Küste. Das ist schon klar. Aber wo zum Henker ist Westen?

Dann entdecken wir eine beleuchtete Hinweistafel mit einer Karte von Den Helder, auf der unser Standpunkt gekennzeichnet ist. Trotzdem ist es nicht einfach, die Richtung festzulegen. Aber dann entscheide ich mich endlich für eine Straße und verabschiede mich von Marion und Steffi. Sie wünschen mir Glück und vor allem Marion versucht mir nochmal klar zu machen, dass sie mich trotzdem für einen tollen Kerl halte würde, auch wenn ich jetzt nicht liefe. Aber für diese Überlegungen ist es jetzt zu spät. Ich bin nun startfertig. Es ist kurz nach 0 Uhr. Wir haben 0 Grad. 0 Kilometer auf dem Tacho am Handgelenk. Null Licht. Es geht los.

Die ersten Schritte fühlen sich direkt eigenartig an. Wir waren jetzt insgesamt neun Stunden hierher unterwegs. Das lange Sitzen im Auto und die Warterei auf den Pannendienst waren nicht unbedingt die ideale Vorbereitung auf so einen langen, anstrengenden Lauf. Aber ich hoffe, dass sich die Beine gleich einlaufen werden.

Ein erster Schluck aus meinem Trinkrucksack erschreckt mich. Das Iso-Getränk ist durch die winterlichen Temperaturen bereits eiskalt und ich traue mich gar nicht, es einfach so herunterzuschlucken. Ich versuche, das Iso etwas im Mund aufzuwärmen, was aber dann wieder das Atmen behindert. Nach ein paar Versuchen bekomme ich aber etwas Übung darin und ich trinke kleine, vorgewärmte Schlucke, ohne dabei zu ersticken.

Es geht durch die Straßen von Den Helder. Vorbei an kleinen, urigen, typischen Häuschen, die man überall in den Nordseeorten findet. Richtig gemütlich, aber zu dieser Zeit total ausgestorben. Es gibt kein Licht mehr in den Fenstern und keine Menschen mehr auf den Straßen. Ich fühle mich schon hier im Ort sehr allein und einsam. Was soll das erst gleich am Strand werden?

In der Dunkelheit entdecke ich einen Lichtstrahl am Himmel. Er kommt von einem Leuchtturm, auf den ich nun erst einmal Kurs nehme. Wo ein Leuchtturm ist, kann das Meer ja nicht mehr weit sein.

Endlich am Leuchtturm angekommen, erklimme ich den Deich. Über steile Treppenstufen geht es hinauf und oben angekommen, stehe ich vor einer tiefschwarzen Wand. Ich schaue auf das Meer hinaus, nur ohne das Meer in irgendeiner Art und Weise zu sehen. Es ist so dunkel, man sieht die Hand vor Augen nicht. Da hilft auch das kurze Aufblinken des Leuchtturms nicht. Sein Lichtstrahl verliert sich im Nichts.

Nach kurzer Orientierung schwenke ich nach links und laufe die nächsten paar hundert Meter oben auf dem Deich entlang. Es geht über Gras und ich versuche, diesen einigermaßen festen Laufgrund noch zu genießen. Gleich kommt der Sand. Dann wird das anders. Links neben mir kann ich die eine oder andere Straßenlampe in der Ferne sehen. Diese Lichtpunkte sind für mich noch ein Zeichen von Zivilisation. Da sind noch irgendwo Menschen, auch wenn die meisten schon schlafen. Irgendwo sind da auch Marion und Steffi, die sich im Hotel am Startpunkt noch einen Tee trinken, bevor sie sich auf den Weg zu unserem ersten Treffpunkt machen wollen.

Ein paar Minuten später stehe ich vor einem Zaun. Hier komme ich nicht weiter, aber nach rechts geht es einen Treppenlauf hinunter. Wieder Steintreppen, die in der Dunkelheit ganz schön gefährlich sein können. Unten angekommen stehe ich nun im Sand. Ich bin am Strand. Und erst jetzt beginnt so richtig mein privater Dutch Coast Ultra Run by Night.

Ich bleibe kurz stehen und blicke in die Dunkelheit. Alles schwarz. Kein Lichtpunkt ist zu sehen. Die wenigen Straßenlampen in der Ferne sind nun hinter dem Deich verschwunden, der ab hier von einem breiten Dünenstreifen abgelöst wird. Rechts neben mir rauscht in der Schwärze der Nacht das Meer. Sehen kann ich es nicht, aber das Rauschen der Wellen warnt mich, nicht zu nahe zu kommen, wenn ich keine nassen Füße haben möchte. Ich gehorche.

Meine Stirnlampe erzeugt vor mir einen Lichtfleck von ein paar Quadratmetern Fläche. In diesem Lichtkreis sehe ich nur eine beigegraue Fläche ohne jede Kontur: nur spurenloser Sand. Er fühlt sich allerdings an, als wäre hier vor kurzem noch Wasser gewesen. Recht fest und griffiger als ich erwartet habe. Ich starre noch ein paar Augenblicke in die Dunkelheit und dann trabe ich los. Ins Nichts. In die Schwärze der Nacht. In die Unendlichkeit des nächtlichen Winterstrands.

Hinter mir verschwinden die letzten Konturen des Deiches vor dem schwach leuchtenden Himmel über Den Helder. Ich drehe mich noch einige Male um und versuche vergebens, das letzte bisschen Licht irgendwie mitzunehmen. Dabei überlege ich mir, ob ich nun wirklich in dieser Dunkelheit einige Stunden laufen möchte. Schließlich zwingt mich ja keiner, das zu machen. Aber was soll's? Ich laufe weiter. Ich kämpfe mich da schon durch.

So trabe ich mit einem mulmigen Gefühl in der Magengegend weiter durch die Nacht. Im Licht der Stirnlampe sehe ich meinen Atem aufsteigen und das Knirschen unter meinen Schuhen erzeugt ein komisches, ungewohntes Laufgeräusch. Wo mögen Marion und Steffi wohl sein? Sind sie noch im Hotel? Oder fahren sie schon zum ersten verabredeten Treffpunkt? Sie müssen sich nun irgendwie die Zeit um die Ohren schlagen. Bis zum Treffpunkt in Petten brauche ich bestimmt so an die drei Stunden und ich überlege mir gerade, wer es eigentlich einfacher hat. Ich laufend hier am Strand oder die beiden frierend und wartend im Auto.

Während ich so vor mich hin grüble, kommt mir die Karte dieser Gegend wieder in den Kopf. Ich hatte mir vor ein paar Tagen die Laufstrecke bei Google Maps angesehen und dabei festgestellt, dass der Dünenstreifen hier durchaus an einigen Stellen mehr als ein Kilometer breit ist. Wir hatten ja mögliche Treffpunkte gesucht und die erste Stelle, an der man mit einem Auto einigermaßen nah ans Meer herankommt, ist eben Petten, bei Km 25, also bei halber Strecke. Bis dahin gibt es keine Möglichkeit, an der Marion mich einsammeln könnte, wenn irgendetwas passiert. Wie schnell kann man mal umknicken? Oder man bekommt einen Krampf? Bei der Kälte und der Dunkelheit wäre das gar nicht so unvorstellbar. Wie sollen mir die beiden dann zu Hilfe kommen? Wenn ich mit den anderen Teilnehmern pünktlich gestartet wäre, wäre es ja kein Problem. Da ist immer irgendwer zur Stelle. Aber ich bin hier nun ganz auf mich allein gestellt… Seltsame Gedanken eines einsamen Strandläufers.

Während ich weiter durch die Dunkelheit trabe, entdecke ich am Horizont einen kleinen, gelben Lichtpunkt. Was mag das sein? Ein Läufer mit Stirnlampe, der mir entgegen kommt? Noch so einen Irren gibt es hier bestimmt nicht. Der Lichtpunkt ist noch sehr weit weg und ich kann mir noch lange Zeit Gedanken darüber machen, was da so am einsamen Winterstrand vor sich hin leuchtet. Mir kommt die Szene aus »Findet Nemo« in den Kopf, in der Nemos Papa und seine neue Freundin Dori in der dunklen Tiefsee von einem Leuchtfisch angelockt werden. Sie schwimmen auf das Licht zu und entdecken die Gefahr erst fast zu spät, als sie gefressen werden sollen. Hoffentlich wartet nicht auch ein Läufer fressender Tiefseefisch auf mich, der mit dem gelben Licht versucht, mich anzulocken. Oder irgendwelche bösen Buben, die hier am Strand ihren geheimen Treffpunkt haben und hier ihre Schätze verstecken? Oder vielleicht sogar Piraten? Wer weiß, wer oder was sich hier in der Dunkelheit alles so herumtreibt. Ich weiß es jedenfalls nicht. Es verschwinden immer wieder Leute. Sogar im 21. Jahrhundert und mitten in Europa. Es gibt jede Menge TV-Sendungen, in denen verschwundene Menschen gesucht werden. Bestimmt hunderte oder tausende Menschen pro Jahr lösen sich spurlos auf. Hier mitten unter uns… Ich drehe langsam durch.

Nichtsdestotrotz lässt sich die Gefahr nicht klein reden. Wenn mir hier irgendetwas passiert, bekomme ich nicht so schnell Hilfe. Bei dieser Erkenntnis nehme ich mir mein Handy aus der Tasche und werfe einen Blick auf das Display. Es ist dunkel und lässt sich auch nicht erhellen. Das Handy ist aus. Ich versuche vergeblich, es wieder einzuschalten. Keine Reaktion. Es bleibt aus. Wahrscheinlich ist der Akku leer. Es ist ein älteres Handy, das ich für diesen Lauf wieder aus der Schublade herausgekramt habe. Mein Gutes wollte ich nicht mitnehmen, da ich nicht wusste, wie das Wetter werden wird. Bei Regen wäre mir das gute Handy zu schade. So ist es natürlich viel besser. Kein Regen, aber auch kein Handy.

Diese Erkenntnis macht mich nicht gerade sicherer. Ich bin jetzt wirklich ganz auf mich allein gestellt. Vor und hinter mir befindet sich nur schwarzer Strand, mit Ausnahme des gelben Lichtpunkts in der Ferne. Rechts neben mir ist das Meer, das ich immer noch nicht einmal gesehen habe, von dem ich mir aber auch keine Hilfe erwarten brauche. Und auf der linken Seite trennt mich ein kilometerbreiter Dünenstreifen von der Zivilisation ab. Ich fühle mich einsam und verlassen. Aber was soll ich nun machen… außer einfach weiter laufen?

So trabe ich weiter und weiter dem gelben Licht entgegen. Nach ein paar hundert Metern erschrecke ich mich über einen riesigen, schwarzen Schatten, der in meinem Stirnlampenlicht auftaucht. Ich zucke zusammen. Doch dann entdecke ich ein paar rostige Schrauben an dem dunklen Etwas und stelle erleichtert fest, dass ich das dunkle, von Rinus angekündigte Rohr früh genug entdeckt habe, ohne darüber zu fallen. Glück gehabt!

Irgendwann kommt das Licht endlich näher. Schon aus einiger Entfernung erkenne ich nun, dass es sich um einen verlassenen Strandpavillon handelt. Jetzt im Winter werden sie einfach ihrem Schicksal überlassen. Und nachts um diese Uhrzeit sowieso. Entweder hat jemand vergessen, irgendein Licht abzuschalten, oder man lässt es absichtlich an, damit so ein Bekloppter wie ich am Strand einen Anhaltspunkt hat. Keine Ahnung. Auf jeden Fall wirkt dieses dunkle, auf Holzbalken stehende, bedrohlich und unheimlich wirkende Gebäude auf mich sehr Angst einflößend. Ich grüble darüber nach, ob hier nun wirklich Piraten ihren Winterzuschlupf gefunden haben. Oder vielleicht auch nur ein paar Landstreicher? Oder andere üble Gesellen? Das wäre eine passende Kulisse für einen Horrorfilm. Wenn da jetzt ein paar Zombies in einer Tür oder einem Fenster erscheinen, stelle ich einen neuen Streckenrekord über 50-Kilometer-Strandlauf auf. Ich habe eine richtige Gänsehaut. Vor mir selbst rechtfertige ich sie aber mit der Kälte.

Auf dem nächsten Kilometer drehe ich mich mehrfach um, um zu überprüfen, ob nicht irgendwer hinter mir herläuft. Ab und zu habe ich das Gefühl, als höre ich Schritte hinter mir. Die Geräusche sind aber wohl das ungewohnte Rutschen und das Gluckern meines Trinkrucksacks.

Bei jedem Umdrehen stelle ich fest, dass der schwach beleuchtete Pavillon langsam aber sicher wieder in der Dunkelheit verschwindet. Und dann bin ich wieder in der einsamen Schwärze der Nacht. Das einzige Licht ist nach wie vor der kleine Lichtkreis meiner Stirnlampe. In dem feuchten, festen Sand entdecke ich irgendwann Fußspuren. Als ich den Lichtkreis hin und her bewege, finde ich immer mehr. Es ist ja jetzt Ebbe und das Wasser geht zurück. Falls hier nicht noch Unmengen an Fußgängern mitten in der Nacht am Strand herumrennen, können das eigentlich nur die Spuren der Ultraläufer sein, die hier vor zwei Stunden hergelaufen sind. Diese Erkenntnis tut mir gut. Also bin ich doch nicht so allein hier. Auch ein paar Autoreifenspuren finde ich, die die Fußspuren verfolgen. Die Reifenspuren gehen über die Fußspuren, also ist das Auto hinter den Läufern hergefahren. War das ein Besenwagen, der eventuell Verletzte oder Aufgebende eingesammelt hat? Ich komme mir vor wie Inspektor Columbo, der an einem Tatort Spuren liest. Es kann nur so sein. Hier sind die 70 Ultras hergelaufen. Und ich bin auf ihren Spuren. Ich bin einer von ihnen und das tut gut, weil es in mir eine Gemeinsamkeit zwischen uns erzeugt. Eine Gemeinsamkeit, die allerdings gar keine ist, denn sie wissen noch nicht mal, dass ich mich hier auf ihren Spuren bewege.

Dadurch wird mir wieder bewusst, dass ich hier mutterseelenallein am Strand unterwegs bin. Kein Mensch weit und breit. Ich habe erst 11 Kilometer auf meiner GPS-Uhr und bin noch lange, lange unterwegs. Und in diesem Moment wird mir klar, dass in mir etwas fehlt. Etwas, das ich immer bei allen Läufen habe. Ein Funke, der mir Spaß macht. Spaß am Laufen. Egal, wie anstrengend ein Lauf ist, wie viele Höhenmeter überwunden werden müssen, wie heiß oder wie kalt es ist… ganz egal. Ein Funken Spaß ist immer dabei. Und dieser Funken fehlt mir heute. Aber warum? Allein bin ich schon oft gelaufen. Das ist doch gar kein Problem. Nur daran kann es nicht liegen. Je länger ich darüber nachdenke, umso klarer wird mir der wirkliche Grund. Ich fühle mich unendlich einsam. Und ich habe Angst. Die Erkenntnis, dass ich keine Hilfe bekommen könnte, wenn ich sie bräuchte, fühlt sich sehr Furcht einflößend an. Wenn ich hier aus irgendeinem Grund nass geschwitzt bei 0 Grad liegen bliebe, würde es Stunden dauern, bis mich Marion vermisst. Und nochmal Stunden, bis mich irgendwer hier überhaupt findet.

Und in diesem Moment wird mir klar, dass ich diesen Lauf nicht beenden werde. Bei dem Gedanken an Marion und an unser warmes Auto habe ich die Einsicht, dass ich bei der ersten Möglichkeit, die sich mir bietet, diesen Nachtlauf abbrechen werde. Aber diese erste Möglichkeit kommt erst bei Km 25 in Petten.

Mit dieser Erkenntnis laufe ich immer weiter. Kilometer für Kilometer. Meine Beine fühlen sich noch richtig gut an. Kraftvoll und noch immer schön geschmeidig. Meine Atmung läuft gut. Die Energieversorgung funktioniert auch erfolgreich. Alles ist okay. Bis auf den Kopf und meine ängstlichen Gedanken. Der Grusel sorgt dafür, dass ich mich nicht wohl fühle. Oder ist es die Vernunft und die Erkenntnis, dass das hier doch etwas zu verrückt ist?

Vor ein paar Tagen lief ein Bericht von einem Mädchen im Fernsehen. Ein 16-jähriges Mädchen hat allein in einem Segelboot die Welt umrundet. Dagegen ist mein Lauf heute nur ein Fliegenschiss. Wie hat sie das nur geschafft, ganz allein mitten auf dem Meer? Sie war länger als ein Jahr unterwegs und immer wieder wochenlang allein auf dem Wasser. Ich weiß es nicht, aber im Moment ist es mir auch ganz egal. Ich will einfach nur Schluss machen für heute Nacht. Mir reicht's.

Und irgendwann nach gut drei Stunden Laufzeit komme ich endlich an den Deich von Petten. Hier kann man nicht aus Versehen vorbei laufen, denn der Strand ist hier für ein paar Kilometer unterbrochen und die Laufstrecke verläuft über den Deich. Hier bin ich mit Marion und Steffi verabredet. Hoffentlich sind sie auch wirklich hier, denn ohne unsere Doris ist der Parkplatz hinter dem Deich nicht so einfach zu finden.

Als ich oben auf dem Deich ankomme, sehe ich Marion trotz der Dunkelheit schon von weitem auf mich zu laufen.

Sie ist in einer Wärmeschutzfolie von einem unserer letzten Marathons eingewickelt und steht schon seit einer Stunde auf mich wartend oben auf dem Deich. Sie konnte meine Stirnlampe schon kilometerweit in der Ferne sehen und machte sich große Sorgen, weil dieser Lichtpunkt überhaupt nicht näher zu kommen schien und ab und zu mal verschwand.

Als ich sie frierend und zitternd sehe und dann in den Armen habe, brauche ich nicht mehr länger zu überlegen. Hier ist Schluss. Ich beende nun nach drei Stunden und 14 Minuten meinen privaten Strandultra über knapp 25 Kilometer. Dann ist es eben nur ein Ultrahalbmarathon geworden.

Steffi liegt in ihrem Schlafsack eingewickelt im Auto und friert, während ich mir schnell am Kofferraum trockene Sachen anziehe. Ich trinke und esse etwas, erzähle von meinen Gedanken am Strand und dann fahren wir mit auf Volllast laufender Heizung in Richtung Castricum. Dort wollen wir wenigstens noch die ins Ziel kommenden Ultraläufer kennenlernen. Hier treffen wir den Veranstalter Rinus, der sich sichtlich freut, uns zu sehen. Und noch mehr, als wir erzählen, dass ich mit zweistündiger Verspätung versucht habe, allein den Dutch Coast Ultra Run by Night zu erleben.

Im nächsten Jahr wird es eine Neuauflage geben. Und dann werden wir pünktlich vor Ort sein. Und dann laufe ich den Ultra am Strand von Noord Holland noch einmal und zwar ganz. Und mit dem Blick auf ein paar andere Stirnlampen in der Dunkelheit vielleicht auch ohne so ein Pfund in der Hose.

Drei auf einen Streich

Wir sind in einem kleinen Hotel am Gardasee. Es ist Nachmittag. Die Sonne scheint vom blauen Himmel und Marion und ich faulenzen am Pool. Ich mache mich lang. So richtig lang. Dabei strecke ich meine Füße nach unten und die Arme bis zu den Fingerspitzen nach oben. Richtig lang mache ich mich. Ganz lang. Aaaaah... das tut sooo gut.

Ich schaue auf den Pool vor mir. Auf die Kinder, die darin herumtollen. Auf das kleine Baby, das mit seinen Eltern seine ersten Badeversuche unternimmt. Auf die vielen Sonnenanbeter, die rund um den Pool auf den Hotelliegen in der italienischen Sonne braten. Auf Marion, die auf der Liege neben mir versucht, ein Buch zu lesen. Die sich aber immer wieder der aufkommenden Müdigkeit geschlagen gibt und zwischendurch ins Land der Träume entflieht.

Und dann landet mein Blick auf meinen Füßen. Total geschunden sehen sie noch aus. Etwas ramponiert sind sie ja eigentlich immer, denn es sind eben Läuferfüße. Aber so? Drei dunkelblaue Nägel. Einer ist gar nicht mehr vorhanden. Mehrere inzwischen vertrocknete Blasen an den Seiten der Fersen, an denen die Haut faltig herumschlabbert. Und einige tiefrote Flecken und Druckstellen leuchten auf der noch weißen Haut der Füße. Da hat die italienische Julisonne noch eine Menge Arbeit. Aber die Haut unter den Füßen ist zum Glück schon wieder fester und robuster. Es ist inzwischen sogar schon wieder so etwas wie Hornhaut erkennbar.

Vor einer Woche sah das noch ganz anders aus. Meine Füße waren von unten ganz weich und schmerzten bei jedem Schritt. Der Druck unter den Fußnägeln war so groß, dass ich sie noch nicht mal antippen konnte. Es fühlte sich dabei an, als würde man elektrischen Strom durch die Zehen leiten. Was meine Füße vor einer Woche geleistet haben, war das Längste und Härteste, das ich ihnen bisher abverlangt habe. Und nun haben sie sich ihren Urlaub verdient. Der kurze Weg zum Strand, zum Pool oder zur Pizzeria nebenan ist das Einzige, das sie in den letzten Tagen überwinden mussten. Sie dürfen sich jetzt erholen. Zeit für Regeneration.

Unser Lauffreund Christian hat uns schon vor einem Jahr von einem Triple-Marathon erzählt. Einer Veranstaltung, bei der drei Marathons hintereinander gelaufen werden müssen. Direkt hintereinander. Drei Marathons mit eigener Wertung, mit eigenem Startpunkt und eigener Startzeit. Wer zu den Schnelleren gehört, hat längere Pausen zwischen den einzelnen Läufen. Wer langsamer läuft, hat weniger Erholung.

Als viel zu hart und zu weit und zu schwer und zu verrückt haben wir das damals abgetan. Beim 6-h-Lauf in Münster haben wir dann ein paar Monate später Ramona und Holger kennengelernt. Die beiden Veranstalter des Triple-Marathons. Auch sie haben von ihrer außergewöhnlichen Veranstaltungsidee erzählt und von der Premiere im Vorjahr geschwärmt. Im nächsten Jahr würde nun die Nachfolgeveranstaltung anstehen. Ein Funken war bei mir damals entzündet. Aber mehr noch nicht. Das Feuer der Begeisterung loderte erst etwas später durch ein paar Mails so richtig auf, die wir in den Wochen darauf gewechselt haben. Und plötzlich war ich angemeldet. Beim 2. Internationalen Mecomeo Triple-Marathon. Beim 2. ITM 2012.

Marion hatte nicht so wirklich Interesse daran, sich auf ein so großes Laufpaket vorzubereiten. Aber sie wollte mit mir kommen und mir bei meinem bisher längsten Lauf zur Seite stehen.

Ich trainierte in den Monaten vor dem Triple-Marathon einfach so wie immer regelmäßig weiter, doch würzte ich den Trainingsalltag mit einer Vielzahl von Marathons. Irgendwie sollte für mich das Laufen eines einzelnen Marathons etwas Normales werden, damit das dreimalige Absolvieren der magischen 42,195 Kilometer und das Erreichen des Zieles nach so einer langen Gesamtdistanz in erreichbare Nähe kommen. Drei Marathons. Das sind immerhin 126,6 Kilometer. Und die wollen erstmal gelaufen werden.

Als letzte Generalprobe versuchte ich drei Wochen vor dem Tag-X beim 24-h-Lauf in Dortmund die Distanz erst einmal überhaupt irgendwie zu schaffen. Es gelang mir tatsächlich nach gut 23 Stunden. Da ich aber die ganze Nacht durchgelaufen war, fiel ich zu Hause in einen bewusstlosigkeitsähnlichen Tiefschlaf. Die so lange Strecke ist wirklich nicht ohne und beim Triple-Marathon müsste ich auch noch um einiges schneller werden, da ich durch die festgelegten Startzeiten der Folgemarathons immer pünktlich an der Startlinie stehen muss. Ich bekam durch diese Erkenntnis noch viel mehr Achtung vor dem ITM und fragte mich, ob ich dieser Herausforderung überhaupt gewachsen war.

Dann ist es endlich soweit. Als wir am Tag vorher nach Holland fahren, bin ich ganz schön aufgeregt. Der Triple-Marathon beginnt in Eelde, einem Örtchen in der Nähe von Groningen. Marion und ich haben uns hier ein Hotel gesucht, in dem wir nächtigen können. Die meisten anderen ITM-Teilnehmer treffen sich allerdings am Vorabend in Wardenburg, dem Zielort des dritten Marathons in der Nähe von Oldenburg. Von hier aus fahren sie mit einem Reisebus nach Eelde und schlafen dort in einer Turnhalle. Ich habe vorher kurz überlegt, auch so zu fahren und so zu schlafen, habe dann allerdings gehört, dass ich mit maximal zwei oder drei Stunden Schlaf rechnen könnte. Es ginge immer irgendwer zur Toilette oder krame in seinen Sachen herum. Gehört das zum Abenteuer »ITM« dazu? Vielleicht. Trotzdem ist uns die etwas gepflegtere Nachtruhe in einem Hotel lieber.

Am frühen Abend checken wir in unserem Hotel ein und machen uns dann auf den Weg zur Turnhalle, wo wir die anderen ITM-Teilnehmer treffen und meine Startunterlagen erhalten wollen. Leider ist noch niemand da. Wir warten erst einige Zeit und als es wohl doch noch etwas länger zu dauern scheint, suchen wir uns ein Restaurant, in dem wir zu Abend essen können. Für mich ist es die »Henkersmahlzeit« vor dem großen Tag morgen.

Das einzige Restaurant, das wir finden können, ist ein Chinese. Nach kurzer Überlegung, ob das ein paar Stunden vor einem Dreifachmarathon wohl das richtige Essen ist, nehmen wir Platz und bestellen uns etwas von der Karte. Da die Karte konsequent in Chinesisch und Niederländisch geschrieben ist, bestellen wir einfach »ins Blaue« hinein, ohne zu wissen, was gleich auf unserem Teller landet. Mein Gericht heißt auf jeden Fall »Tangsuyuk« und ich hoffe, dass mein empfindlicher Magen gut damit zurechtkommt. Ich erzähle Marion beim Warten von einem alten Bruce-Lee-Film, in dem er nach Rom kommt und kein Wort Italienisch spricht. Er bestellt sich dann in einem Restaurant einfach irgendetwas von der Karte und bekommt dann fünf oder sechs Teller Suppe. Den Rest des Films verbringt er schließlich zwischen akrobatischen Kung-Fu-Einlagen in regelmäßigen Abständen auf dem Klo. Hoffentlich ergeht es mir nun nicht ähnlich.

Wir bekommen auf jeden Fall irgendetwas Süßsaures mit irgendeinem Fleisch und unbekanntem, öligem Gemüse mit

Reis. Es schmeckt ganz gut und ich hoffe, dass meine Verdauung mit dem chinesischen Essen nicht überfordert ist.

Nach dem Essen fahren wir wieder zur Turnhalle, wo inzwischen der Bus mit den restlichen ITM-Teilnehmern angekommen ist. Wir begrüßen einige Laufbekannte, unter ihnen auch Christian, der vor einem Jahr den Triple-Funken gezündet hat. Auch die beiden Veranstalter Ramona und Holger sind bereits vor Ort. Sie haben mit ihrem Team noch viel zu tun und zu organisieren. Von ihnen bekomme ich meine Startunterlagen, meine Startnummer und ein hellblaues Laufshirt, mit dem ich mich in Zukunft als ITM-Teilnehmer ausweisen kann. Mein Name steht darauf und die drei Buchstaben »GER« als Länderkürzel für Germany. Das macht schon richtig was her. Ich ziehe das Shirt allerdings noch nicht an. Erst, wenn ich den Triple-Marathon geschafft habe. Das Shirt will ich mir erst noch verdienen.

Wir werfen noch einen Blick in die »Schlafturnhalle« und sind uns sicher, dass die Entscheidung im Hotel zu schlafen die Richtige war. Die Halle ist ziemlich voll. Die Ersten liegen schon in ihren Schlafsäcken, andere wurschteln noch in ihrer Ausrüstung für morgen herum. Bis hier alle ihren nötigen Schlaf finden, wird es noch einige Zeit dauern.

Mehr als vier Stunden Schlaf bekomme ich allerdings auch nicht. Um 3 Uhr früh klingelt der Wecker und ich mache mich fertig. Inzwischen bin ich doch ganz schön aufgeregt und das schlägt mir in Kombination mit dem chinesischen Essen auf den Magen. So wird mein frühmorgendlicher Toilettengang heute etwas ausführlicher als normalerweise.

Ein Hotelfrühstück bekomme ich um diese Uhrzeit noch nicht, aber wir haben zum Glück vorgesorgt. Der mitgebrachte Toast, Nussnougat und Mineralwasser erfüllen ihren Zweck und sind im Gegensatz zum gestrigen Bruce-Lee-Essen langstreckenerprobt.

Gegen 4 Uhr machen wir uns auf den Weg zum Startpunkt. Wir füttern Doris mit den Startkoordinaten und sicher wie gewohnt führt sie uns auf eine Landstraße mitten in der holländischen »Pampa«. Hier ist überhaupt nichts vom ITM zu sehen. Es ist noch stockdunkel und weit und breit ist keine Menschenseele zu entdecken. Etwas verunsichert kontrollieren wir noch einmal die Koordinaten. Aber alles ist korrekt. Also warten wir mal auf die Dinge, die auf uns zu kommen.

Nach kurzer Zeit erscheint ein kleiner Konvoi bestehend aus mehreren PKW, einem Reisebus und zwei DRK-Fahrzeugen mit blinkendem Blaulicht. Von einem Moment auf den anderen verwandelt sich die einsame Straße in ein wildes Getümmel. Gut 70 Teilnehmer machen sich nun für den ersten Marathon fertig. Die Radbegleiter satteln ihre Räder. Taschen werden hektisch nach Laufutensilien durchsucht und danach wieder im Bus verstaut. Alles redet in Englisch, Holländisch und Deutsch durcheinander. Und wir stehen etwas unsicher mittendrin.

Die Farbe des Himmels wechselt langsam von schwarz auf dunkelblau und wir entdecken nun, dass viele sehr dunkle Wolken am Himmel zu sehen sind. Es sieht nach Regen aus. Das sind nicht gerade ideale Laufbedingungen. 30 Grad und Sonne müssen es ja nicht unbedingt sein. Aber wenn es richtig viel regnet, scheuert irgendwann die Haut an den empfindlichen Stellen durch. Da kann ich einfetten, so viel ich will.

Um kurz vor 5 Uhr trage ich die letzte Schmierschicht auf und verziehe mich danach nochmal ins Gebüsch. Ich denke wieder an den Bruce-Lee-Film. Hoffentlich ist mein Gedärm für die Todeskralle stark genug.

Holger ist mit wetterfester Regenkleidung ausgestattet und beginnt seine Startrede. Er begrüßt uns nun offiziell und klärt uns über einige wichtige Punkte auf. Vor allem der Zeitplan ist von großer Bedeutung. Die Startzeiten des zweiten und dritten Marathons werden absolut pünktlich eingehalten, damit der ITM sich nicht unendlich in die Länge zieht. Der Tag wird so schon lang genug.

Der Countdown beginnt. Wir zählen unter blauem Blinken der DRK-Fahrzeuge von zehn rückwärts. Und dann geht es endlich los. Der ITM geht auf die erste 42,195 Kilometer lange Etappe.

Ich verabschiede mich fürs Erste von Marion und trabe langsam los. Marion fährt nun erst einmal zurück ins Hotel, legt sich nochmal für ein oder zwei Stündchen hin und frühstückt dann in aller Ruhe. Sie will dann direkt zum Ziel des ersten Marathons kommen und dort auf mich warten.

Im Feld der rund 70 Teilnehmer fühle ich mich sofort recht wohl. Es wird noch viel geredet. Einige kennen sich, haben sich lange nicht gesehen und sich viel von vergangenen und zukünftigen Laufabenteuern zu erzählen.

Ich laufe ganz gerne mal für ein paar Kilometer mit jemandem zusammen, aber eigentlich viel lieber alleine. So kann ich meinen eigenen Gedanken nachgehen, in mich hineinfühlen und mein Tempo selbst bestimmen. Ich habe beim Laufen einfach gern meine Ruhe. Und so finde ich es als ganz angenehm, dass ich mich zwar irgendwo in der Läuferschlange befinde, aber dennoch für mich allein bin. Die nächsten Läufer vor mir sind so 20 Meter weit entfernt, die Nachfolgenden eher noch etwas mehr.

Es wird inzwischen langsam heller. Doch die Straßen sind immer noch wie ausgestorben. Ich verdränge die Gedanken an das riesige Paket, das vor mir liegt. Ich laufe einfach *nur* einen Marathon. Erst einmal. Und so trabe ich Schritt für Schritt locker vor mich hin.

Der Start des zweiten Marathons ist für 10:45 Uhr angesetzt, also 5 Stunden und 45 Minuten nach dem Start des Ersten. Nach meinem Plan möchte ich so rund fünf Stunden für Nr. 1 brauchen, was ich eigentlich locker schaffen müsste. Dann hätte ich ungefähr 45 Minuten zur Erholung. Zu schnell anzufangen ist bestimmt nichts Gutes. Dann wäre zwar die Pause länger, aber die Beine werden davon auch nicht besser. Nur steifer.

Nach den letzten Vorbereitungsmarathons habe ich öfter mal nach einer Stunde versucht, erneut ein paar Schritte zu laufen. Das fühlte sich sehr ungelenk, kraftlos und vor allem schmerzhaft an. Nach wenigen Schritten habe ich dann jedes Mal die Hoffnung aufgegeben, dass es sich heute hier beim ITM irgendwie besser anfühlen würde. Aber das werde ich später sehen. Die Hoffnung stirbt zuletzt.

Mit meiner GPS-Uhr kann ich mein Lauftempo gut kontrollieren. Ein ungefähres 7er-Tempo möchte ich von Anfang an einhalten. Dabei müsste dann für die Marathondistanz eine Zielzeit von rund fünf Stunden heraus kommen. Das ist mein Plan. Und so blicke ich regelmäßig auf meine Uhr, korrigiere meine Geschwindigkeit und laufe einfach vor mich hin. Immer weiter und weiter.

Das Orga-Team hat auf der ganzen Strecke blaue Pfeile auf den Boden gesprüht. Sie sind eigentlich ganz gut zu erkennen. Allerdings bin ich nicht immer ganz bei der Sache. Ab und zu träume ich vor mich hin und wenn ich dann meine Vorläufer durch eine Straßenbiegung nicht mehr sehen kann, werde ich plötzlich wieder »wach« und weiß dann nicht, ob ich nicht einen Pfeil verpasst und mich verlaufen habe. Ein Blick nach hinten. Da sehe ich meine

»Verfolger«. Also scheint noch alles klar zu sein. Aber hoffentlich laufen sie nicht auch einfach nur hinter mir her und vertrauen darauf, dass ich aufpasse. So laufe ich Stunde um Stunde vor mich hin.

Marion müsste inzwischen beim Frühstück sein und gleich aus dem Hotel auschecken. Bei dem Gedanken an das Hotelfrühstück bekomme ich auch langsam Hunger, obwohl die Verpflegungsstände sehr gut bestückt sind. Alle 10 Kilometer kommt so ein Verpflegungspunkt. Hier können wir uns satt essen und trinken und unsere Trinkflaschen und -rucksäcke wieder auffüllen. Aber so ein richtiges Frühstück im Hotel vom Büfett, das wäre jetzt nicht schlecht.

Nicht nur mein hungriger Magen, auch die Etage darunter meldet sich langsam. So ganz läuferfreundlich war das Bruce-Lee-Essen gestern Abend wohl doch nicht. Aber das schaffe ich locker bis ins erste Ziel.

Zusätzlich zu den blauen Pfeilen finde ich im Abstand von zwei Kilometern die Km-Markierungen auf dem Boden. Ich vergleiche sie jeweils mit den Angaben meiner Uhr und bin dann immer froh, dass wieder ein Stückchen geschafft ist.

Als ich auf meiner Uhr dann irgendwann »26,6 Kilometer« ablesen kann, freue ich mich kurz darüber, dass das schon ganz schön viel ist. Der zweite Gedanke lautet aber sofort: »Jetzt noch 100 Kilometer!« Oh Mann…

Irgendwann in den 30ern fängt es an zu regnen. Da ich inzwischen niemanden mehr vor oder hinter mir in Sichtweite habe, muss ich gut auf die blauen Pfeile aufpassen. Auf der jetzt nassen Straße sind sie aber nur noch schwer zu entdecken. Manchmal finde ich sie in buchstäblich letzter Sekunde und freue mich dann darüber, dass ich mich nicht verlaufen habe.

Nun ist auch langsam aber sicher das morgendliche, holländische Leben in Gang gekommen. Wenige Autos sind nun auf den Straßen. Ein paar Radfahrer holen Brötchen. Und die ersten Damen mit Einkaufstüten vom Supermarkt kommen mir entgegen. Ich fühle mich dadurch nicht mehr so alleine. Einige Passanten schauen hinter mir her und wundern sich darüber, warum hier jemand mit einer Startnummer vor dem Bauch durch die Gegend läuft. Aber mehr auch nicht. Zuschauerinteresse ist nicht wirklich vorhanden. Aber das ist bei so einer langen Strecke quer durch die Landschaft auch nicht zu erwarten.

Endlich taucht vor mir die »40« auf der Straße auf. Jetzt ist es nicht mehr weit. Ein paar Minuten später passiere ich das Ortseingangsschild von Blijham. Das ist der erste Zielort. Den Namen endlich zu lesen tut sehr gut.

Ich schaue zum x-ten Mal auf meine Uhr. Fünf Stunden bin ich bereits unterwegs. Ein paar Minuten brauche ich aber noch, da ich wohl doch etwas getrödelt habe. So ungefähr hat mein Plan aber funktioniert.

Wenn ich nun in mich hinein fühle, merke ich die fünf Stunden Lauferei doch schon recht stark. Ich bin nun mal gerade einen Marathon gelaufen. Und so wie bei meinen letzten Vorbereitungsmarathons und auch sonst nach so einer langen Strecke bin ich jetzt einfach fertig. Ich habe keine Ahnung, wie ich nun noch das Doppelte nachlegen soll. Das sind außergewöhnliche Gedanken auf den letzten Metern eines Marathons.

Irgendwann komme ich um die letzte Biegung. 100 Meter vor mir sehe ich einen Pavillon. Das Ziel Nr. 1. Dort entdecke ich auch schon von weitem Marion, die sehnsüchtig auf mich wartet. Einen Endspurt spare ich mir, denn es geht ja gleich einfach weiter.

Auf den letzten Metern spricht mich ein Mann vom linken Streckenrand an und fragt mich, ob ich das erste oder zweite Mal hier durchlaufe. Häh? Ich verstehe die Frage überhaupt nicht. Es ist wohl derjenige, der die Zielzeiten festhält. Was meint er wohl? Dass ich in meiner kurzen Pause hier herumtrabe, damit ich nicht kalt werde? Vielleicht sieht mein Laufstil inzwischen aber auch einfach so aus, als würde ich hier nur noch so rumtraben und nicht wie bei einem Zieleinlauf.

Und dann laufe ich endlich durch den Pavillon und bin angekommen. Marathon Nr. 1 ist gefinisht. 5:08 Stunden habe ich gebraucht. An meinem Handgelenk bekomme ich ein oranges Gummibändchen befestigt. Die Medaille für die erste Etappe.

Marion begrüßt mich mit einem Kuss und fragt mich, wie es mir geht. Eine vernünftige Antwort habe ich nicht. Ich bin einfach da. Wir gehen zusammen zu unserem Auto, wo ich mich direkt umziehe. Glücklicherweise habe ich meine Sachen in unserem Kofferraum deponiert und muss nichts unten aus dem Reisebus rauskramen. Da herrscht ein ganz schönes Durcheinander.

Ich ziehe ein trockenes Shirt an, fette die empfindlichen Stellen erneut ein und Marion füllt meine Trinkflaschen mit unserer Maltodextrin-Lösung auf. Dann geht es ab zu der angekündigten Verpflegung, die in der Turnhalle aufgebaut ist. Und nun verstehe ich auch, warum wir heute Morgen irgendwo auf einer einsamen Landstraße gestartet sind. Die drei Ziele befinden sich jeweils direkt an Sporthallen mit Dusch- und Toilettenanlagen. Damit die 42,195 Kilometer exakt passen, muss halt der Startpunkt genau positioniert werden.

Ich stärke mich mit einem Salamibrötchen und einem Schluck Kaffee. Stolz tragen wir alle unser oranges Gummibändchen am Handgelenk. Marion und ich suchen noch nach einem Platz, wo wir uns hinsetzen können, denn darauf freue ich mich schon seit ein paar Stunden. Da ruft Holger auch schon wieder dazu auf, zum Bus zurückzugehen. Es geht schon wieder weiter. Der Zeitplan ruft.

Die Pause verging viel schneller als ich gedacht habe. Ich eile schnell zur Toilette, denn nach dem Kaffee meldet sich nun doch Bruce Lee in mir. Das Hinsetzen fällt mir ziemlich schwer, denn die Beine können mich nicht mehr richtig halten. Aber dann genieße ich einfach die kurze Sitzpause.

Als ich danach den Verpflegungsraum erneut betrete, bin ich schon allein. Ich schnappe mir im Vorbeigehen noch eine Mini-Salami und gehe zu unserem Auto, wo Marion mich schon erwartet. Der Bus mit den anderen Teilnehmern rollt bereits an. Wir rollen hinterher. Ungefähr 1,5 Kilometer fahren wir durch Blijham, wieder bis zu einem bestimmten Punkt auf einer Landstraße. Das nächste Ziel im deutschen Esterwegen ist von hier aus genau 42,195 Kilometer entfernt.

Als ich aussteige, schmerzen meine Beine sehr. Die Füße fühlen sich wund an und die Beinmuskeln sind schon auf »Feierabend« eingestellt. Sie haben ja auch schon ordentlich was geleistet.

Eine gute halbe Stunde hatte ich Pause. Zum Erholen war das zu wenig. Dem Kopf hat sie aber gut getan. Meinen Beinen nicht so wirklich.

Ich eiere durch die Gegend und versuche zu testen, wie sich Laufen jetzt anfühlt. Mehr als ein paar Schritte gehen aber nicht. Alles schmerzt irgendwie und die Knie- und Fußgelenke wackeln herum. Sie fühlen sich ausgeschlagen oder ausgeleiert an.

Holger ruft wieder alle ITM-Teilnehmer zusammen und erklärt uns die wichtigen Punkte der zweiten Etappe. Dann folgt erneut ein Countdown und es geht tatsächlich wieder los.

Ein kurzer Abschied von Marion. Ich eiere davon. Meine Bewegungsart ist irgendwas zwischen Gehen auf glühenden Kohlen und dem Ententanz. Zum Glück sieht das bei den meisten anderen Mitläufern aber ähnlich aus. Die Pause macht sich wohl bei allen mehr oder weniger bemerkbar. Bei mir definitiv »mehr«.

Meine GPS-Uhr habe ich genullt und ich beginne von neuem mit der Kilometerzählerei. Nach ein paar hundert Metern fühlt sich das Laufen erstaunlicherweise wieder etwas flüssiger an und ich suche nun mein Tempo. Die 7er Zeiten von vorhin schaffe ich nur noch mit Mühe. Sobald ich mein Tempo nicht bewusst im Auge habe, rutsche ich darüber hinaus. So zwischen 7:30 und 8:00 min/km kann ich aber noch ganz gut halten. Die Kilometer fühlen sich daher jetzt noch viel länger an, vor allem, weil auch jetzt nur jeder Zweite markiert ist. Ich freue mich jedes Mal richtig, wenn ich auf dem Boden wieder eine Kilometerzahl entdecke. Wieder ein Stückchen geschafft.

Das Läuferfeld zieht sich jetzt noch schneller auseinander und ich rutsche weiter nach hinten durch. Die Schnelleren ziehen rasch davon. Für die Langsameren hier um mich herum beginnt nun langsam aber sicher der Kampf mit der Länge des ITMs. So sechs oder sieben Läufer befinden sich in meiner direkten Nähe. Mal überholt der eine, mal freue ich mich, wenn ich wieder an einem vorbei ziehe. So geht das nun Stunde um Stunde weiter.

Bei uns im hinteren Teil des Feldes begleiten mehrere Radfahrer die Teilnehmer. Schließlich soll niemand auf der Strecke bleiben. Sie haben eine Notration »an Bord« und sind vor allem durchweg guter Laune. Sie haben immer ein freundliches, motivierendes oder auch tröstendes Wort für uns übrig. Je nach Bedarf. Da ich aber wie schon beschrieben lieber alleine laufe und gerne meine Ruhe habe, trabe ich einfach weiter so vor mich hin, auch wenn sich ein Radler in meiner Nähe befindet.

Ungefähr bei Km 8 komme ich an die Grenze nach Deutschland und mir wird bewusst, dass ich das erste Mal in meinem Leben eine Staatsgrenze zu Fuß überwinde. Schön, dass das heute so einfach geht. Keine Passkontrollen mehr, keine Schlagbäume, keine Grenzbeamten. Wir laufen einfach an einem Schild vorbei und sind jetzt in Deutschland.

Sehnsüchtig warte ich auf den nächsten Verpflegungsstand bei Km 10. Schon von weitem entdecke ich dort Marion am Straßenrand stehen. Sie winkt mir zu und freut sich darüber, dass ich es bis hier noch recht gut geschafft habe. Ich stärke mich an den leckeren Sachen, während Marion meine Fläschchen neu befüllt.

Danach laufe ich wieder weiter. Dabei überhole ich immer mal wieder jemanden, der vielleicht gerade eine Gehpause eingelegt hat. Kurze Zeit später werde ich wieder von einem anderen Teilnehmer überholt. Und so geht das nun weiter. Kilometer für Kilometer.

Ein Läufer, der sich ständig in meiner Nähe befindet, versucht mich zu überreden, es ihm gleich zu tun. Er rennt 100 Meter und schreit sich dabei selbst Motivation zu. Dann geht er wieder und versucht dabei, Kräfte zu sparen. Wir sind prinzipiell gleich schnell. Nur bewegt er sich wie bei einem Intervalltraining und ich trabe gleichmäßig vor mich hin. Das gefällt mir auch viel besser. Denn Gehen möchte ich sowieso nicht. Schließlich bin ich ja Läufer und nicht Geher. Wenn auch nur noch ein ganz Langsamer.

Vor dieser zweiten Etappe hatte ich die meiste Achtung. Der Start war für 10:45 Uhr angesetzt. Der Start des dritten Marathons soll um 17:00 Uhr erfolgen. So füllen diese zweiten 42,195 Kilometer irgendwie den ganzen Tag aus. Der Erste war früh morgens, der Dritte ist abends, der Zweite dauert einfach gefühlt den ganzen Tag. Und so empfinde ich das Laufen nun auch. Es läuft und läuft und läuft und…

Hin und wieder regnet es mal mehr und mal weniger. Mein Shirt ist schon ganz nass und immer, wenn ich Marion bei einem Verpflegungsstand treffe, fette ich meine empfindlichen Stellen erneut ein. Leider reicht diese Maßnahme nicht. Die ein oder andere wunde Stelle macht sich inzwischen bemerkbar. Und meine Füße schmerzen immer stärker, vor allem die Fußsohlen. Die Haut weicht wohl langsam auf.

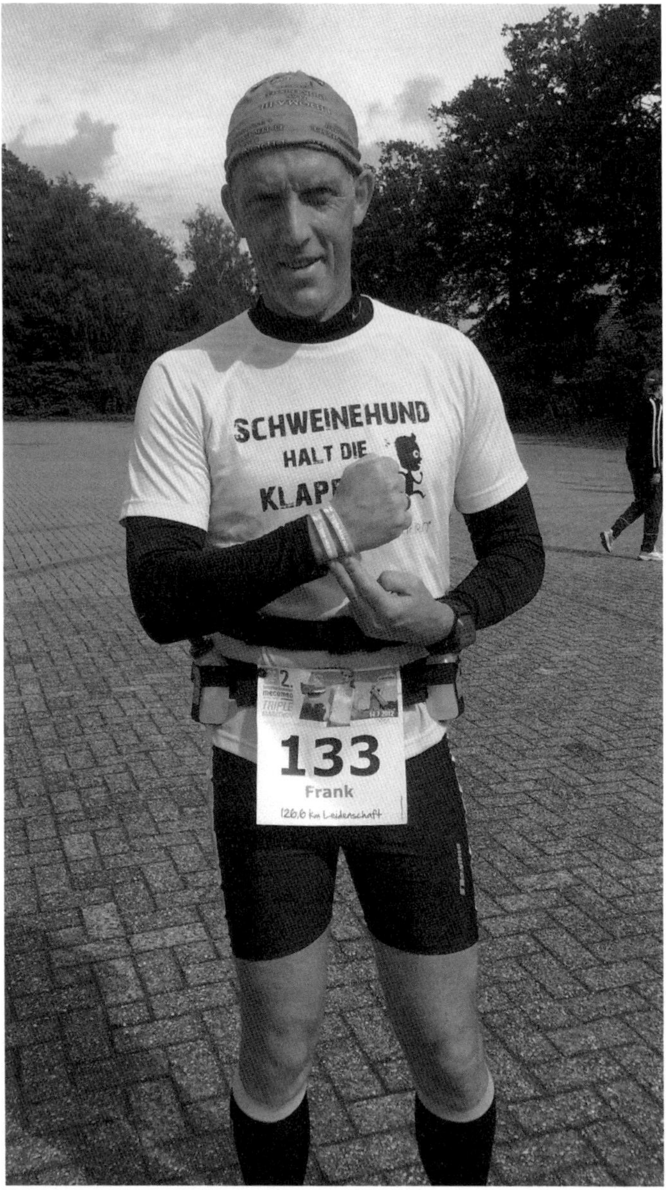
SCHWEINEHUND
HALT DIE
133
Frank
126,6 km Leidenschaft

Was jetzt dazu kommt, ist fehlender Durst und Hunger. Meine Verdauung bekommt anscheinend nicht mehr genügend Blut bereitgestellt, um ordnungsgemäß zu arbeiten. Ich muss aber essen und trinken, da ich sowohl Flüssigkeit als auch Energie brauche. Es liegen doch noch so viele Kilometer vor mir. Und so würge ich mir immer wieder Cola und Süßkram runter, ob meine Verdauung will oder nicht.

Stunde um Stunde vergeht. Ich trabe langsam vor mich hin und freue mich immer wieder über einen blauen Pfeil oder über die nächste Kilometer-Markierung. Nach einer gefühlten Ewigkeit komme ich endlich zum zweiten Mal heute an der »40« vorbei. Hurra. Gleich habe ich es geschafft. Wieder.

Es geht noch eine ganz langgezogene Steigung hinauf und dann bin ich oben. Wieder ein Pavillon. Wieder ein Bändchen, dieses Mal ein Grünes. Marathon Nr. 2 ist gefinisht. In 5:44 Stunden. Das ist ganz schön langsam. Aber ich bin ihn ohne zu gehen durchgelaufen.

Marion wartet wieder auf mich und bringt mich direkt zu unserem Auto. Die gleiche Prozedur wie vorhin: Laufshirt wechseln, neu einfetten und die Fläschchen neu befüllen. Meine Füße schaue ich mir nicht genauer an. Sie bleiben so verpackt, wie sie sind. Zigmal nass geworden und mit über 84 Kilometer Laufleistung schmerzen sie höllisch. Wie sie inzwischen aussehen, will ich noch gar nicht wissen. Diese Baustelle wird erst später bearbeitet. Auch Bruce Lee meldet sich wieder. Ich torkele zum Klo und schaffe es irgendwie, mich unter Schmerzen hinzusetzen. Endlich auf der Brille genieße ich erneut die kurze Sitzpause. Im normalen Leben würde ich mich nie auf einer öffentlichen Toilette auf die Brille setzen. Aber nun nach zwei Marathons bin ich einfach nur dankbar, dass ich kurz sitzen kann. Egal, worauf.

Während meiner chinesischen Sitzung erinnere ich mich daran, dass es bei dieser zweiten Pause Pasta geben soll. Auch wenn ich keinen Hunger mehr habe, täten so ein paar Nudeln vielleicht ganz gut. Also beeile ich mich und ziehe die Sitzung nicht unnötig in die Länge.

Als ich wieder in Richtung Auto watschle, winkt Marion mir heftig zu. Es sitzen bereits alle ITM-Teilnehmer wieder im Bus. Marion hat ihn sogar noch aufgehalten und den Fahrer gebeten, zu warten, bis ich vom Klo komme. Oh Mann. Ich eile so gut es geht zum Auto und steige unter lautem Stöhnen ein. Das war es wohl mit der Pasta.

Wir fahren wieder einen oder zwei Kilometer zum dritten und letzten Startpunkt. Dort angekommen komme ich kaum aus dem Auto. Die wenigen Minuten sitzend im Wagen taten zwar erst einmal gut, aber nicht, wenn man nun wieder los muss. Marathon Nr. 3 wartet. Ich habe keine Ahnung, wie ich den jetzt noch schaffen soll.

Ohne darauf eine Antwort zu finden, kämpfe ich mich wieder aus dem Auto und torkele zum Startplatz. Dabei stelle ich fest, dass das ein oder andere Gesicht schon fehlt. Anscheinend haben die zurückgelegten 84 Kilometer doch schon erste Opfer gekostet. Umso mehr freue ich mich einerseits darüber, dass ich nun zum dritten Mal wieder am Start stehe. Andererseits fehlt mir immer noch die rettende Idee, wie ich die dritte Etappe nun überhaupt bewältigen soll.

Es ist 17:00 Uhr. Holger hält seine dritte Ansprache und wir zählen zum letzten Mal heute bis Null. Es geht wieder los.

Marion klatscht mich nochmal ab und dann eiere ich mit den anderen ITM-Teilnehmern los. Wie immer man meine

Bewegungsart jetzt nennen möchte? Mit Laufen hat das nichts mehr zu tun. Ich watschle wie eine Gans und lache mich selbst darüber kaputt. Die kurze Pause hat meine Muskulatur komplett versteift. Mein ganzer Körper schmerzt und jede Bewegung wirkt ungelenk. Meine verbliebenen Mitstreiter lachen ebenfalls lauthals durch die Gegend. Wir haben wohl jetzt alle die gleichen Probleme und einen ähnlichen Galgenhumor.

Nach ein paar hundert Metern habe ich mich aber tatsächlich wieder eingelaufen und gelange unglaublicher Weise erneut in einen Laufschritt. Zwar langsam, aber ich laufe wieder.

Vor mir sehe ich ein paar weitere Läufer, die ungefähr in meinem Tempo laufen. Vielleicht sind sie aber auch einen Hauch schneller als ich, denn sie entfernen sich langsam aber stetig von mir. Hier kämpft nun jeder seinen eigenen Kampf. Mit seiner Motivation, mit seinen Beinen, mit der immer noch so langen Strecke, die noch vor uns liegt.

Hinter mir höre ich zwei männliche Stimmen, die sich ziemlich laut über berufliche, sportliche, politische und gesellschaftliche Themen im Allgemeinen unterhalten. Meine Güte. Wie können die beiden noch so viel Energie haben, um so viel zu quatschen? Das verstehe ich nicht. Ich kämpfe hier mit meinem verkorksten Laufstil und weiß gar nicht, wie ich die kommenden 42 Kilometer bewältigen soll und die Beiden reden und reden und reden. Außerdem brummt die ganze Zeit irgendein Auto im Standgas hinter mir her. Warum überholt der denn nicht? Was für eine Geräuschkulisse. Ich möchte doch wie gehabt einfach nur meine Ruhe haben.

Kurze Zeit später drehe ich mich zu den beiden Dauerrednern um und erschrecke. Lauthals muss ich lachen, als mir klar wird, wer da direkt hinter mir ist. Zwei Radfahrer mit orangen Warnwesten und ein DRK-Fahrzeug rollen langsam hinter mir her. Das sind die Besenfahrzeuge! Und das bedeutet: Ich bin Letzter!

Auweia! Mir wird schlagartig klar, dass dies nicht nur mein dritter Marathon heute wird, sondern auch mit Abstand der Schwierigste. Von wegen allein durch die Gegend laufen und still vor mich hin leiden. Denkste! Ich habe nun die nächsten Stunden immer Schatten in meiner Nähe. Und die reden auch noch so viel. Hilfe!

Ich wünschte, ich könnte jetzt nochmal richtig Gas geben und den nächsten Läufer vor mir überholen. Dann hätte er diese Kolonne im Nacken sitzen und nicht ich. Mir wird nun bewusst, dass es für mich gar kein Problem ist, Letzter zu sein. Es stört mich viel mehr die Tatsache, dass ich jetzt bis zum Ende nicht mehr allein bin. Aber was soll ich machen? Erst einmal laufe ich weiter. Was auch sonst? So trabe ich langsam aber stetig weiter, höre gezwungenermaßen den Radlergesprächen zu und versuche das Motorenbrummen zu überhören.

Irgendwann verlassen wir die Straße und es geht nun an einem Wasserlauf entlang über einen Feldweg. Der DRK-Wagen darf hier nicht weiter hinter uns herfahren und muss nun einen Umweg in Kauf nehmen. Hurra! Ein Störgeräusch weniger.

Dafür lässt die nächste Herausforderung nicht lange auf sich warten. Es beginnt wieder zu regnen. Ein Platzregen fällt vom Himmel. Es gießt wie aus Eimern. Von einem Moment auf den Nächsten bin ich pläddernass. Die beiden Radler ziehen sich Regenkleidung über und ich bin etwas neidisch. Aber gleich muss der Verpflegungspunkt bei Km 10 kommen. Dort will Marion wieder an der Strecke sein.

Im Auto habe ich meine Regenjacke und noch mehrere trockene Shirts zum Wechseln.

Der Verpflegungspunkt befindet sich auf dem genannten Feldweg unter einer Brücke. Nur keine Spur von Marion. Sie hat diese versteckte Stelle bestimmt nicht gefunden oder konnte ebenfalls den Feldweg nicht mit dem Auto befahren. Mist!

Ich trinke und esse schnell eine Kleinigkeit, ob der Magen will oder nicht. Ohne geht es nicht. Und schon laufe ich wieder weiter. Die kurze Pause hat dafür gesorgt, dass ich nun ordentlich friere. Mein nasses Hemd klebt an mir und reibt auf der Haut herum. Die Schuhe patschen bei jedem Schritt und Wasser drückt sich aus den Lüftungsöffnungen heraus. Meine Füße schmerzen immer mehr und meine Fußsohlen brennen wie Feuer, obwohl meine Schuhe vom Regenwasser geflutet sind.

Ein paar Kilometer weiter lässt der Regen aber zum Glück wieder nach und irgendwann an einem Waldstück steht auch Marion mit unserem Auto am Rand. Jetzt kann ich mich schnell umziehen, zum x-ten Mal neu einfetten und meine Regenjacke im Koffer eines Radlers verstauen. Mit den beiden habe ich mich inzwischen nicht nur abgefunden, sondern ich bin sogar froh darüber, dass sie bei mir sind. Vor mir habe ich schon eine gefühlte Ewigkeit keinen Läufer mehr gesehen. Hinter mir gibt es sowieso keinen mehr. Die beiden geben mir das Gefühl, noch im Rennen zu sein. Außerdem sind sie wirklich sympathisch und in das ein oder andere Gespräch habe ich mich inzwischen auch mal eingemischt.

Ich laufe wieder weiter. Die Kilometer vergehen so langsam. Es dauert unendlich lange, bis mal wieder eine Kilometermarkierung auf der Straße zu sehen ist. Aber wenn dann endlich eine auftaucht, freue ich mir einen Wolf. Wieder zwei Kilometer geschafft!

Auch wird es immer schwieriger, die Pfeile zu entdecken, da der Platzregen vorhin wohl die aufgesprühte Farbe gut abgewaschen hat. Zum Glück habe ich die beiden Besenradler dabei. Die kennen die Strecke und wissen immer genau, wo es lang geht.

Mein Tempo wird immer langsamer. Laut Fahrradtacho schaffe ich noch ungefähr 6 bis 6,5 km/h. Das ist in Läuferdeutsch ein 10er-Tempo. Oh Mann. Aber ich laufe noch. Irgendwie. Mit starken Schmerzen in den Füßen.

Am nächsten Versorgungspunkt bei Km 21 mache ich mir klar, dass ich jetzt nur noch einen Halbmarathon zu laufen habe. Allerdings habe ich für die erste Hälfte des dritten Marathons schon dreieinhalb Stunden gebraucht. Ich werde also für meinen Dritten heute mindestens sieben Stunden benötigen. Dann ist schon Mitternacht. Das ist noch so lange. Ich will nicht mehr laufen. Alles in mir möchte endlich aufhören. Vor allem meine Füße.

Hans und Michael, die beiden mir immer sympathischer werdenden Besenradler, motivieren mich immer wieder neu weiterzulaufen. Ich trabe und trabe... immer langsamer. Und dann sagt Hans die entscheidenden Worte: »Frank, Du kannst auch ruhig mal *gehen*. Mach Dir um uns keine Gedanken. Wir bleiben bei Dir!«

Nein! Das will ich doch auf keinen Fall. Ich will nicht gehen. Ich bin doch Läufer. Ich will das hier zu Ende laufen und nicht gehen. Auf gar keinen Fall...

Und dann falle ich in den Gehschritt.

Aaaah... tut das gut. Endlich einfach mal eine andere Bewegung. Ist das schön. Ob ich da jemals wieder rauskomme?

Michael sagt mir, dass ich gehend überhaupt nicht langsamer bin als vorher. Eher sogar einen Hauch schneller. Trotzdem habe ich ein schlechtes Gewissen. Ich will den ITM doch als Läufer laufend beenden und nicht gehend. Dann fällt mir das Gespräch mit Christian von vor einem Jahr wieder ein. Er hat erzählt, dass er damals die dritte Etappe beim letzten ITM marschiert ist. Marschieren! Das ist ein Wort, mit dem ich leben kann. Beim Bund sind wir auch ordentlich marschiert und das war ziemlich anstrengend. Damit kann ich umgehen. Ab jetzt wird marschiert.

So gehe oder besser marschiere ich nun durch die Landschaft. Die Kilometer sind genauso lang. Es dauert genauso lange, bis mal wieder eine Markierung auf der Straße zu sehen ist. Und meine beiden Besenfreunde sind immer noch gut drauf und passen auf mich auf.

Dann wird es schließlich dunkel. Marion gabelt uns mal wieder irgendwo auf und stattet mich mit Stirn- und Taschenlampe aus. Und von jetzt an suchen wir im Schein meiner Beleuchtung und der Fahrradlampen nach den letzten dunkelblauen Pfeilen auf dem Boden.

Kurze Zeit später ist es wirklich schwarz. Stockdunkel. Es ist nichts mehr zu sehen. Und wir sind auf einer unendlich langen Landstraße unterwegs. Rund um uns herum ist alles bewaldet. Kein Licht. Kein Zeichen von Leben. Nur unsere Lichtkreise auf dem Boden. Ich habe nun schon seit Stunden keinen anderen Läufer mehr gesehen. Die sind bestimmt schon alle im Ziel und genießen die angekündigte Läuferparty und die Siegerehrung. Und ich irre mit meinen Besenradlern hier noch durch die Nacht. Ich komme mir ziemlich einsam und verlassen vor. Aber tapfer marschiere ich weiter.

Plötzlich tauchen im Dunkeln links neben uns Lichter und Stimmen auf. Das ist der letzte Verpflegungspunkt.

Kaum zu glauben. Die Besatzung steht hier tatsächlich in der Dunkelheit und wartet nur noch auf mich. Das baut mich wieder etwas auf und ich »genieße« das Angebot an Ess- und Trinkbarem, wobei ich nicht genau weiß, ob ich in der Dunkelheit überhaupt alles sehen kann, was der Verpflegungspunkt zu bieten hat. Ich würge mir wieder Obst und Riegel runter, trinke gegen meinen fehlenden Durst zwei Becher Cola und schon geht es auf die allerletzte Etappe. Und das nun wörtlich. Ungefähr 10 Kilometer muss ich noch gehen. Nein. Marschieren.

Nach einiger Zeit blitzen neben uns plötzlich Autoscheinwerfer auf. Marion wartet zum was weiß ich wievieltem Mal auf uns. Zum letzten Mal füllt sie meine Trinkflaschen auf. Essen möchte ich nichts mehr. Mein Magen hat nun ganz zu gemacht.

Marion berichtet, dass vor mir noch überall Läufer durch die Dunkelheit marschieren. Alle paar hundert Meter hat sie Stirnlampen entdeckt. Aber das geht in meinen Kopf nicht mehr hinein. Für mich bin nur noch ich allein in der Dunkelheit auf der Strecke. Und ich bin alle und fertig.

Mit meinen Aufpassern marschiere ich weiter. Und kaum zu glauben... ich entdecke tatsächlich zum dritten Mal heute die »40« auf dem Boden. Ein paar Meter weiter folgt das Ortseingangsschild von Wardenburg.

Ich versuche jetzt wieder in einen Trab zu kommen, weil ich gerne *laufend* ankommen möchte. Unerwarteter Weise gelingt es mir tatsächlich, mich ab hier wieder in irgendeiner laufähnlichen Fortbewegungsart dem Ziel zu nähern. Jedenfalls fühlt es sich für mich wie Laufen an. Wie es für meine beiden Radler aussieht, weiß ich nicht. Aber es ist ja zum Glück dunkel.

500 Meter vor dem Ziel hören wir Partymusik aus einem Garten. Hier feiert noch ein Wardenburger bis in die Nacht hinein, vielleicht seinen Geburtstag. Es läuft das Lied von Peter Kent »It's a real good feeling«. Auf Deutsch »Es ist ein richtig gutes Gefühl«. Das war damals mal mein Lieblingslied und es würde jetzt so gut passen, wenn… ja wenn ich noch irgendwas fühlen würde. Außer Erschöpfung und Schmerzen in den Füßen habe ich keine Gefühle mehr. Keine Euphorie, weil ich gleich im Ziel bin. Keine Hurra-Schreie. Keine hochgerissenen Arme. Nichts.

Eine letzte Biegung auf ein Schulgelände. Durch den Zielbogen. Fertig. Ich bin angekommen. Ich habe gefinisht. Jemand stülpt mir das letzte Bändchen über mein Handgelenk – ein Blaues – und gratuliert mir zum erfolgreichen Finish. 7:18 Stunden habe ich für Marathon Nr. 3 gebraucht. Alter Schwede!

Marion wartet direkt hinter der Ziellinie auf mich und gratuliert mir ebenfalls. Sie führt mich zur Zielverpflegung, aber ich will nichts, obwohl hier ohne Ende Leckereien bereitliegen. Sogar Bratwürstchen brutzeln noch auf dem Grill, aber mein Magen hat sämtliche Tätigkeiten eingestellt.

Wie bestellt und nicht abgeholt, stehe ich jetzt hier herum. Ich weiß nicht, wie es weiter geht. Marion holt meine Tasche und führt mich zur Herrenumkleide. Sie kommt mit hinein und zieht mich komplett aus. Dazu bin ich allein nicht mehr in der Lage. Ich denke nur noch an meine schmerzenden Füße. Als Marion mir die Schuhe auszieht, wird sie ganz grün im Gesicht. Sie wird vom Duft der 126,6 Kilometer und etlichen Regengüssen fast erschlagen.

Nackt eiere ich ein letztes Mal für heute zur Toilette und mache meine Kung-Fu-Übungen. Dazu klemme ich mich mit beiden Armen zwischen die Toilettenwände und lasse mich langsam runter. Sitzen... endlich sitzen.

Dann folgt die Dusche, unter der ich nochmal richtig kämpfen muss. Obwohl das Wasser richtig heiß ist, habe ich Schüttelfrost und zittere am ganzen Körper wie Espenlaub. Anscheinend hat nicht nur mein Magen sondern auch noch die ein oder andere Körperfunktion ihren Dienst aufgegeben. Ein weiteres Problem ist, dass ich an meine unteren Körperteile gar nicht mehr dran komme. So stehe ich frierend und allein nach einer Lösung suchend, um an meine Stinkmauken zu kommen, unter der Dusche, bis mich Marion dann endlich herausholt und abtrocknet. Danach zieht sie mich wieder an. Als Letztes das neue ITM-Finisher-Shirt, das ich nun doch mit Stolz trage. Na ja. Wenigstens dieses Gefühl funktioniert noch.

Ich bekomme für jeden Marathon und für die Gesamtwertung insgesamt vier Urkunden. Gut 18 Stunden war ich unterwegs, um die 126,6 Kilometer zurückzulegen. Es war für mich mein bisher längster und anstrengendster Lauf und ich bin sehr stolz darauf, dass ich diese Herausforderung gemeistert habe.

Und jetzt liege ich eine Woche später unter italienischer Sonne am Pool, unter meinem Kopf das azzurro ITM-Shirt, und träume von meinen 126,6 heldenhaften Kilometern. Ausruhen kann so schön sein. Und als ITM-Finisher ganz besonders.

Vom Winde föhrweht

Es ist Samstagmorgen, Ende März. Wir sind auf der A7 und fahren in den hohen Norden. Morgen startet zum zweiten Mal der Föhr Marathon und da es uns im letzten Jahr bei der Premierenveranstaltung sehr gut gefallen hat, sind wir gerne wieder dabei. Ich habe mir den morgigen Lauf als den Lauf ausgesucht, bei dem ich in diesem Jahr mal wieder Gas geben möchte. Meistens laufe ich meine langen Läufe in einem Tempo, das zwar anstrengt, das aber eben nicht mein Limit bedeutet. Und oft habe ich meine Videokamera dabei. Dann ist mir die Zeit sowieso egal.

Aber ein- oder zweimal pro Jahr versuche ich, bei einem Marathon mein Bestes zu geben. Dafür habe ich mir in diesem Jahr den Föhr Marathon ausgesucht. Ich möchte versuchen, mal endlich wieder »unter 4« zu laufen. Das ist für mich schon eine magische Grenze, die ich nicht so einfach unterbieten kann. Mit Kamera bin ich auf der Insel bereits im letzten Jahr gelaufen, so dass ich mich nun ganz auf meinen Lauf konzentrieren kann. Marion möchte keinen ganzen Marathon laufen und ist mit dem Halbmarathon zufrieden.

So sind wir nun mit Doris unterwegs, die uns zielsicher nach Dagebüll an den Anleger der Fähre nach Föhr bringen möchte. Rund 500 Kilometer müssen wir zurücklegen und so bleibt während der Fahrt viel Zeit, um an das letzte Jahr zu denken.

Ich konnte mir erst gar nicht vorstellen, dass man auf so einer kleinen Insel wie Föhr einen ganzen Marathon veranstalten kann. Aber die Organisatoren haben einen Kurs ausgesucht, der in Form einer liegenden Acht über die ganze Insel verläuft. Der Start ist in der Mitte der Insel in Midlum. Von hier aus läuft man zuerst eine östliche Schleife, die genau einen Halbmarathon lang ist, und landet dann wieder in Midlum. Für die Halbmarathonis ist hier Schluss. Die ganzen Marathonläufer laufen dann anschließend die westliche Schleife und vollenden damit die magischen 42,195 Kilometer. Das hat im letzten Jahr auch ganz gut funktioniert, auch wenn das Nordseewetter alles gegeben hat. Sonne, Regen und sogar Hagel haben uns das Laufen echt schwer gemacht. Und dazu der sehr starke Wind, der zu dieser Jahreszeit anscheinend immer vorhanden ist.

Als ich mir den Föhr Marathon für meinen diesjährigen, »schnellen« Marathon ausgesucht hatte, hoffte ich auf besseres Wetter. Besser ist das Wetter laut Vorhersage nicht unbedingt. Auf jeden Fall aber anders. Unser Winter will in diesem Jahr einfach nicht aufhören. Überall liegt noch Schnee und obwohl wir nun Ende März haben, fällt hier und da sogar noch neuer Schnee dazu. Außerdem haben wir seit einiger Zeit sehr starken Ostwind und der drückt das Wasser der Nordsee auf die See hinaus. Einige Fähren fallen seit einigen Tagen in unregelmäßigen Abständen aus, da bei Niedrigwasser durch den Wind so wenig Wasser vorhanden ist, dass die Fähren selbst in den Fahrrinnen nicht genug Wasser unterm Kiel haben. Auch heute sollen wohl einige Fähren ausfallen, aber gegen Abend fahren sie dann bei Hochwasser wieder.

In der letzten Woche habe ich mir im Internet sehr oft die Webcams auf Föhr angeschaut. Der Hafen war noch zugefroren und überall lag noch Schnee. Ich konnte es nicht glauben, dass wir Ende März noch so ein Winterwetter haben. Einige Teile der Insel sind noch von so starken Schneeverwehungen betroffen, dass die geplante Laufstrecke überhaupt nicht schneefrei zu bekommen war. Der Veranstalter hat daher in diesem Jahr darauf verzichtet, uns über die westliche Inselhälfte zu schicken. Geplant ist, dass wir zweimal die östliche Halbmarathonschleife laufen und damit den Marathon fertigstellen. Außerdem wurde auf der Internetseite regelmäßig darauf hingewiesen, dass wir uns darüber informieren sollen, ob und wenn ja, wann die Fähren überhaupt fahren. Heute fahren sie erst am frühen Abend, so dass wir gemütlich nach Norden fahren können.

In den letzten Wochen habe ich meinen Trainingsplan abgearbeitet und fühle mich eigentlich fit genug, morgen den »Unter-4-Versuch« zu starten. Ich hoffe nur, dass die Laufbedingungen es auch zulassen. Bei tiefstem Winterwetter mache ich mir keine Hoffnungen, die vier Stunden zu unterbieten. Aber so schlimm wird es schon nicht werden.

Doris kümmert sich um unsere Route, ich bin in Gedanken beim Föhr Marathon des letzten Jahres und Marion döst mit geschlossenen Augen vor sich hin. Nach einiger Zeit meint sie (also Marion und nicht Doris), dass wir eigentlich mal eine Pipipause einlegen könnten. Ich halte am nächsten Autobahnparkplatz an und stelle fest, dass er keine Toilettenanlage hat. Marion meint, dass das auch so geht, und öffnet die Tür. Rechts neben uns ist eine leicht abschüssige Wiese mit ein paar Büschen. Ich ermahne Marion noch, gut aufzupassen, damit sie nicht in eine Tretmiene tritt, und warte. Dabei kommt mir der Gedanke, dass ich auch mal eben austreten könnte, wenn wir schon mal hier stehen und pausieren. Schließlich trinken wir die ganze Zeit über viel Wasser, um unsere Speicher für morgen gut aufzufüllen. Also verlasse ich ebenfalls das Auto und verschwinde auf der anderen Seite hinter einem Busch.

Nach kurzer Zeit fahren wir weiter und fädeln uns gerade wieder auf der Autobahn ein, als mir ein komischer Geruch in die Nase steigt. Was ist das? Hat Marion etwa nicht richtig aufgepasst? Sie untersucht ihre Schuhe und stellt fest, dass sie wirklich in einen Haufen getreten ist. Kacke. So ein Mist. Und das Zeug klebt auch schon an der Fußmatte. So eine Sauerei.

Wir tragen in unserer Freizeit sehr gerne Nike Free. Das sind Schuhe mit einer Sohle, die aus einzelnen Kunststoffblöcken besteht, die ein möglichst barfußähnliches Laufgefühl vermitteln sollen. Zwischen diesen Blöcken sind anderthalb Zentimeter tiefe Fugen und diese Fugen sitzen nun an Marions Schuhen voller Kot. Und hoffentlich ist es wenigstens Hundekot. Voll ekelig.

Der Gestank hat sich schon in unseren Nasen festgesetzt. Ich lästere darüber, dass Marion nicht richtig aufgepasst hat und dass wir jetzt so eine Sauerei im Auto haben. Schon nach wenigen Kilometern kommt zum Glück eine Autobahntankstelle und ich halte den Wagen wieder an. Doris will lieber weiterfahren und lamentiert herum. Marion möchte möglichst schnell ihre Schuhe und die Fußmatte reinigen. Der Gestank ist ja nicht zum Aushalten.

Ich parke den Wagen ungefähr 50 Meter vor den Zapfsäulen und weiß jetzt auch nicht weiter. Da kommt mir eine Idee. Ich schlendere zu der Wasser- und Luftanlage und hole den Wassereimer mit dem Fensterreiniger. Wir öffnen die Beifahrertür, so dass uns das Tankstellenpersonal nicht sehen kann, und versuchen, den Kot aus Marions Schuhritzen und der Fußmatte herauszuwaschen. An der Fußmatte klappt das ganz gut. Aber für die Fugen in Marions Schuhen brauchen wir noch einen spitzen Gegenstand zum Prockeln. Ich breche ein Ästchen von einem Gestrüpp ab und gebe es Marion.

Sie sitzt nun in der offenen Beifahrertür und versucht mit dem Ast, den Mist aus den Schuhen zu bekommen. Ich schlendere so lange um den Wagen herum und stehe irgendwann vor der offenen Fahrertür. Oh mein Gott. Was ist das denn? Meine Fußmatte sieht ja genauso aus. Das gibt es nicht. Ich schaue unter meinen Schuhen nach und stelle fest, dass ich ebenfalls mit beiden Schuhen irgendwo reingetreten bin. Und ebenfalls mit Nike Free. So eine Sch…

Ich hole noch einen Wassereimer und nun sitzen wir beide auf unseren Sitzen und stochern in den Fugen unserer Sohlen herum. Auch meine Fußmatte säubere ich mit dem Fensterwischer und hoffe dabei, dass wir den Geruch nach Kot wieder aus unseren Nasen bekommen.

Darüber, dass der Fensterwischer in Kürze von irgendjemandem zum Fensterreinigen gebraucht werden könnte, machen wir uns im Moment keine Gedanken. Erst später auf der Weiterfahrt, nach einem minutenlangen Händewaschen auf der Tankstellentoilette, kommt uns dieser Gedanke. Aber jetzt ist es zu spät. Als Strafe behalten wir den Geruch nach Kot noch bis zu unserer Ankunft in Dagebüll in der Nase. Ekelig.

Dort angekommen parken wir unser Auto auf einem großen Parkplatz und fahren mit einem Shuttlebus die 500 Meter bis zum Anleger. Der erste Blick auf die Fähre verwirrt uns. Sie befindet sich zwar wie gewohnt an der Anlegestelle, aber sie liegt total schräg auf Grund. Der starke Wind hat tatsächlich das restliche Wasser aufs Meer rausgedrückt und in der Fahrrinne befindet sich nicht mehr genügend Wasser, um zu fahren.

Der kalte Ostwind fegt uns um die Ohren und wir versuchen, so schnell es geht aufs Schiff ins Warme zu kommen. Wir kaufen unsere Karten und dürfen dann zum

Glück schon an Bord. Hier setzen wir uns ins Restaurant und stellen belustigt fest, wie unwirklich so ein schräg liegendes Schiff ist. Das Gehen funktioniert nicht so koordiniert wie gewohnt. Und selbst das Sitzen ist seltsam. Wir haben einfach Schlagseite.

Marion bestellt sich einen Tee und ein Fischbrot und ich gönne mir eine Currywurst im Glas. Das kannte ich bisher auch noch nicht. Sie schmeckt aber lecker.

Zwei Stunden müssen wir warten, wobei wir aus dem Fenster die Kaimauern beobachten. An ihnen können wir sehen, wie das Wasser langsam aber stetig steigt. So nach und nach richtet sich die Fähre schließlich wieder auf und dann geht die Fahrt endlich los. Das Restaurant ist inzwischen mit einer Vielzahl von Menschen gefüllt. Die meisten haben Sporttaschen dabei oder tragen Laufjacken oder -shirts von irgendwelchen Laufevents. Ein Großteil der anreisenden Inselbesucher sind wohl Marathonteilnehmer mit ihren Angehörigen so wie wir. Auch sie scheinen ein paar Tage länger bleiben zu wollen.

In Wyk auf Föhr angekommen verlassen wir die Fähre und marschieren dann durch den Ort zu unserer Pension. Da wir bereits im letzten Jahr hier waren, kennen wir uns ein wenig aus, so dass wir nicht lange suchen müssen. Während des Marsches bemerken wir den wirklich sehr starken, eisigen Wind. Und hier sind wir noch mitten im Ort. Da halten die Häuser noch einiges ab. Das kann ja was geben morgen.

Unsere Pension ist noch so, wie wir sie in Erinnerung haben. Sie erinnert uns an die Villa Kunterbunt von Pipi Langstrumpf. Auch die vielen Tiere, die im Garten wohnen, sind noch da. Jede Menge Enten, Hasen und Meerschweinchen laufen frei herum. Und als Krönung wohnen dort mehrere Storchenpaare, die wir bereits vor einem Jahr bewundert haben. Sogar die Gäste sind noch die Gleichen, denn Lauffreund Mario, der zwar aus unserer Heimat kommt, den wir aber im letzten Jahr hier auf Föhr kennengelernt haben, ist mit seinen Freunden auch wieder da.

Nach einer herzlichen Begrüßung richten wir uns kurz in unserem Zimmer ein. Marion und ich wollen nun noch irgendwo etwas essen und Kohlenhydrate bunkern. Immerhin stehen morgen bei Marion ein Halbmarathon und bei mir ein Ganzer an.

In der Nähe des Hafens haben wir bei unserer Ankunft ein gemütlich aussehendes Restaurant gesehen. Dort gehen wir jetzt hin und als wir es betreten, habe ich das Gefühl, wie in einem Spielfilm in einer richtigen Hafenspelunke zu sein. Alles ist in braun gehalten. Der Boden ist aus Holz, ebenso die Tische und Bänke, sogar die Wände, und ein muffiger Geruch liegt über allem. So richtig appetitlich wirkt das alles nicht, aber es gibt nur noch einen freien Tisch und an dem nehmen wir Platz. Ein verrauchter, älterer Seemann kommt zu uns, nimmt die Bestellung auf und bringt kurze Zeit später unser Essen. Wir haben eine Grillplatte und Salat bestellt und wundern uns nun darüber, dass auch das Essen irgendwie einfach braun ist. Selbst der eigentlich bunte Salat ist mit einem dunkelbraunen Dressing angemacht. Zu dunkle Kroketten und dunkles Fleisch. Das wirkt zwar wenig Appetit anregend, aber wir wollen ja bunkern. Also rein damit.

Ich bekomme meinen Teller gar nicht auf und habe bereits beim Essen einen ordentlichen Druck im Magen. Alle paar Sekunden muss ich leise Aufstoßen. Das passt ja mal wieder super. Am Vorabend vor einem Marathon sollte man auf sein Gefühl hören und nicht ungewohntes Essen in einer Hafenkneipe vertilgen.

Wir bezahlen zügig und marschieren wieder zu unserer Pension. Auf dem Weg fabriziere ich ein Konzert aus verschiedenen Tönen, die laut durch die Straßen von Wyk schallen. Marion ist das ziemlich peinlich, aber was soll ich machen? Die Luft muss raus. Hoffentlich beruhigen sich meine Gedärme bis morgen früh wieder.

In der Nacht kann ich vor Bauchschmerzen nicht richtig schlafen. Ich habe immer noch ohne Ende Luft im Bauch und wälze mich von einer Seite auf die andere. Aber die Kohlenhydratspeicher in den Muskeln sind gut gefüllt. Hoffentlich nicht auch nur mit Luft.

Als wir am Sonntagmorgen aufwachen, fühlt sich mein Bauch wieder gut an. Wohin die Luft über Nacht verschwunden ist, kann ich mir nicht erklären. Auf jeden Fall ist sie weg und so steht einem kleinen Vormarathonfrühstück nichts im Wege. Danach packen wir unsere Laufsachen zusammen und marschieren zusammen mit Mario erneut quer durch Wyk zum Anleger. Ab hier fahren die Shuttlebusse in Richtung Midlum. Auf dem Weg bemerken wir bereits den immer noch starken Wind, der durch die Gassen pfeift. Das wird was werden heute.

Als wir noch auf unseren Bus warten, erfahren wir, dass auch heute Morgen durch den starken Ostwind zu wenig Wasser für die Fähre vorhanden war. Es sollte eigentlich eine Sonderfähre die Tagesbesucher zur Insel rüber bringen, die nur zum Marathon kommen wollten. Rund 80 Marathonis stehen nur ein paar Kilometer weit entfernt in Dagebüll und haben keine Möglichkeit, zu uns rüber zu kommen. Aber so ist das Leben und das Marathon laufen auf einer Insel in der Nordsee. Für die Föhrer ist das normaler Alltag. Ihr Leben ist viel stärker von Naturgewalten, von Wind und Wetter abhängig als bei uns Landratten.

Der Shuttlebus kommt und wir sind froh, dass wir erst einmal aus dem kalten Wind herauskommen. Auf der Fahrt nach Midlum sehen wir viele Wiesen und Felder, die um diese Jahreszeit eigentlich grün sein müssten. So haben wir sie auch aus dem letzten Jahr in Erinnerung. Jetzt allerdings sehen sie einfach nur beigebraun aus. Und teilweise sind sie tatsächlich noch mit Schnee bedeckt. Die ganze Landschaft Föhrs wirkt wie auf einem Sepia-Foto. Alles ist beigebraun und weiß. Die Natur war in diesem Winter einfach zu lange unter dem vielen Schnee begraben.

Der Start- und Zielbereich ist in und an der Grundschule Midlum aufgebaut. In der Turnhalle treffen wir Sabine und Michael vom Orga-Team und bekommen unsere Startunterlagen. Sie erzählen uns, dass gestern Abend noch ein Marathonteilnehmer mit der letzten Fähre zur Insel rüber gekommen ist, der vorher keine Unterkunft gebucht hat. Da er so spät abends kein Zimmer mehr bekommen hat, ist er in der Nacht zu Fuß bis nach Midlum marschiert. Hier angekommen hat sich vor der Schule in den Eingang gesetzt und dort gedöst. Geschlafen wird er nicht viel haben, denn die Temperaturen waren heute Nacht so um die 0 Grad. Zum Glück ist ihm wohl nichts Ernsthaftes passiert und nach ein paar Tassen Kaffee und einer heißen Dusche sind seine Muskeln wieder warm und er ist nun bereit für den Marathon. Marathonis sind eben echte Kerle. Und Ausnahmen wie ich bestätigen diese Regel.

Wir laufen uns draußen auf ein paar kleinen Feldwegen warm. Das ist heute echt wichtig, denn der Wind wird immer heftiger und eisiger und kühlt die Muskulatur schnell aus.

Um kurz vor halb 10 stellen wir uns auf einem Weg vor der Grundschule auf und warten auf den Startschuss. Ein paar wenige Zuschauer und Angehörige von Teilnehmern stehen am Straßenrand und muntern uns auf. Wir erfahren, dass dieser Weg noch bis vor kurzem mit Eis und Schnee bedeckt war und dass das Orga-Team mit Hilfe einiger Anwohner die Strecke überhaupt erst einmal belaufbar gemacht hat. Ohne diesen Aufwand könnten wir heute hier gar nicht starten.

Das Startfeld wirkt irgendwie kleiner als im letzten Jahr. Die Veranstaltung ist eigentlich auf rund 300 Teilnehmer für Halb- und Ganzmarathon beschränkt, aber da noch rund 80 Teilnehmer auf dem Festland festsitzen, fehlt ungefähr ein Viertel der Starter. Das ist echt schade, aber leider nicht zu ändern.

Der Bürgermeister Midlums schickt uns nun auf den Weg und nach einem Countdown, der durch den Wind gar nicht richtig zu hören ist, geht es los. Der Föhr Marathon beginnt. Und mein Versuch, »unter 4« zu laufen auch.

Ich verabschiede mich von Marion, die nun ihren Halbmarathon läuft. Sie läuft auf der gleichen Strecke wie ich, nur viel schneller. Sie zieht zügig von dannen und ist rasch meinen Blicken entschwunden.

Auf den ersten paar hundert Metern stehen noch ein paar Zuschauer, dann wird der Streckenrand leer. Ganz im Gegenteil zur Laufstrecke. Da der Weg nicht sonderlich breit ist, sind alle Teilnehmer noch recht eng beieinander. Das dichte Gedränge hält zum Glück den Wind noch etwas ab. Uns wird jetzt schon klar, dass der Marathon heute kein Zuckerschlecken wird.

Wir laufen durch die offene, beigeweiße Landschaft und suchen unser Tempo, was bei dem starken Gegenwind gar nicht so einfach ist. Lauffreund Mario befindet sich durchweg in meiner Nähe und wir stellen schnell fest, dass wir ungefähr ein gleiches Tempo haben. Ein weiterer Lauffreund, Bernd aus dem Kreis Warendorf, gesellt sich dazu und von nun an stemmen wir uns zu dritt gegen den Wind. Im Wechsel übernimmt einer von uns die Führung und spendet den anderen beiden etwas Windschatten.

Inzwischen zieht sich das Feld der Teilnehmer nun doch auseinander und dadurch wird der kalte Ostwind auf den freien Stücken der Strecke noch stärker spürbar.

Nach ein paar Kilometern kommen wir nun wieder nach Wyk. Die Bebauung hält hier den Wind etwas ab und es lässt sich etwas besser laufen. Der erste Verpflegungsstand wird liegengelassen und dann sind wir schon an der Promenade Wyks. Wir laufen direkt am Strand entlang. Die Sonne kommt raus und es könnten jetzt richtige Sommerurlaubsgefühle frei werden, wenn uns nicht der eisige Wind erneut direkt ins Gesicht bliese.

Am Horizont genau an der Kante zwischen Meer und Himmel können wir ein paar dunkle Flecken ausmachen. Das ist die Hallig Langeneß, die aus einer Kette von künstlichen Hügelchen, den Warften, besteht, auf denen sich Wohnhäuser befinden. So wirklich kann ich mir nicht vorstellen, dort mitten im Meer zu leben und jederzeit damit zu rechnen, dass sich bei Flut mein Haus »Land unter« befindet. Für uns ist es ja schon etwas Besonderes, dass mal eine Fähre wegen des starken Niedrigwassers ausfällt.

Die Sonne scheint uns nun direkt ins Gesicht, schafft es aber nicht, die eisige Kälte zu vertreiben. Wir wechseln weiter regelmäßig die Windschatten spendende Führungsposition und gelangen so in die Fußgängerzone Wyks. Hier befinden sich viele Restaurants, Cafés und Insellädchen und damit auch einige Touristen, die uns zujubeln und mit gut gemeinten Zurufen motivieren, weiter dem Wind zu trotzen.

Wir gelangen an den Hafen und kommen dann an die Ostseite Föhrs. Hier verläuft die Strecke für sieben bis acht Kilometer direkt neben einem ebenfalls beigefarbenen Deich an der Wasserkante entlang. Auf diesem Stück sind wir nun voll dem Wind ausgesetzt und kommen kaum noch vorwärts. Der Wind holt uns fast von den Beinen und das Windschattenlaufen funktioniert irgendwie nicht mehr. Vor uns kann ich in lockeren Abständen viele weitere Teilnehmer sehen, die in regelrechter Schräglage mit flatternder Kleidung gegen den Wind kämpfen. Der Blick reicht mehrere Kilometer weit und wir bekommen einen Eindruck davon, wie schwer die nächste Stunde werden wird. Es gibt keine Deckung, die den Wind etwas abhalten könnte. Einfach nichts. Wir laufen direkt an der Wasserkante entlang und der Wind weht uns laufend ganz feine Wassertröpfchen ins Gesicht.

Unterhalten können wir uns hier nicht mehr. Wenn wir unsere Positionen wechseln wollen, müssen wir uns anschreien, um das Rauschen in den Ohren zu übertönen. So kämpfen wir uns nun immer noch zu dritt am Deich entlang. Zu dritt, aber irgendwie doch jeder für sich allein. Wenn wir mal jemanden überholen oder von jemandem überholt werden, schaut man sich kurz an und sieht das Leiden im Gesicht des anderen. Es kämpft heute jeder seinen eigenen Kampf gegen die Naturgewalten.

Aber auch das längste Leiden ist mal zu Ende und nach einer Stunde schrägem Laufen im Wind biegt die Strecke nach links ab und wir überqueren den Deich. Hier begrüßt uns ein Verpflegungsposten, der vom örtlichen Schalke-Fanclub betreut wird. Die Getränke tun jetzt richtig gut, obwohl sie mit etwas Frotzelei gewürzt werden, da ich ja wie gewohnt in unseren Teamfarben Schwarz und Gelb laufe.

Von hier aus verläuft die Strecke nur noch durch offenes Marschland wieder zurück bis nach Midlum. Auch hier sind die vorherrschenden Farben beige und weiß und es gibt nichts, das den Wind abhält. Zum Glück, denn er bläst jetzt als Rückenwind. Wir könnten nun richtig die Fetzen fliegen lassen, wenn wir vorhin am Deich nicht bereits alle unsere Kräfte verbraucht hätten. Aber etwas leichter fällt das Laufen nun doch und wir können einen Teil der verlorenen Zeit wieder gut machen.

Die Abstände zwischen uns Läufern sind nun noch größer geworden und wir sehen nur weit vor und hinter uns ein paar bunte Shirts in der braunen Landschaft.

In Midlum angekommen müssen wir eine leichte Steigung hinauf, die objektiv gesehen eigentlich lächerlich ist, die jetzt mit den schon recht »leeren« Beinen aber eine ordentliche Herausforderung bedeutet. Und dann ist schon die Grundschule in Sicht. Marion steht bereits am Streckenrand und wünscht uns Glück für die zweite Runde. Auch sie hat ihren Kampf gegen den Wind an dem Deichstück gekämpft und ist auf dem vierten Platz der Halbmarathonwertung gelandet. Ich gratuliere ihr kurz und starte direkt in die zweite Runde. Unsere Zeit liegt noch gut unter zwei Stunden und »unter 4« ist noch drin. Also weiter.

Im letzten Jahr sind wir ab diesem Zeitpunkt auf der westlichen Hälfte Föhrs weiter gelaufen. Dort erwartete uns nur noch Landschaft. An den wenigen kleinen Ortschaften sind wir meist vorbei gelaufen. Dazu kam starker Regen und später sogar Hagel, der frontal ins Gesicht schlug. In diesem Jahr ist es zumindest trocken. Der starke Ostwind hat das Wetter einfach weggeweht.

Auch in der zweiten Runde sind Bernd, Mario und ich noch zusammen. Für einige Kilometer wechseln wir weiter die Führungspositionen und versuchen, uns gegenseitig Windschatten zu geben. Wieder gelangen wir nach Wyk. Es geht noch einmal an der schönen Promenade entlang, durch die Fußgängerzone und dann erneut an den Deich. Hier hat sich im Vergleich zu vorhin nur eins verändert: Der Ostwind ist noch viel stärker geworden und bläst nun richtig sturmartig über das Meer. Die Strecke ist kaum noch belaufbar und mir wird nun klar, dass es eine regelrechte Schnapsidee war, hier auf Föhr meinen einen schnellen Marathon pro Jahr zu laufen. Noch schlechtere Bedingungen konnte ich mir kaum aussuchen.

Wir kämpfen erneut und in Schräglage gegen den Wind an. Mario und Bernd lassen schließlich nach wenigen Kilometern abreißen und ich bekomme etwas Abstand zu ihnen. Ich drehe mich um, stelle fest, dass sie unser bisheriges Tempo nicht mehr halten können und überlege, was ich nun machen soll. Dabei bleiben oder mal schauen, was noch geht. Obwohl… viel ist das nicht.

Das Laufen allein hat allerdings nun den Nachteil, dass ich überhaupt keinen Windschatten mehr habe. Ich stemme mich gegen den Eiswind und habe dabei laute Windgeräusche in den Ohren. Ich laufe vor mich hin und gehe meinen Gedanken nach. Wieso versuche ich Blödmann hier bei diesen Umständen eigentlich »unter 4« zu laufen? Dass es hier am Meer oft sehr windig ist, weiß doch jedes Kind. Dazu muss man kein Wetterprophet sein. Aber mit so einem sturmartigen, eisigen Wind konnte ja dann doch keiner rechnen.

Plötzlich erschrecke ich, denn etwas rauscht von der Seite laut über mich herüber. Zuerst vermute ich, dass es sich um ein tief fliegendes Geschwader Düsenjäger handelt, das hier eine Übungseinheit macht. Auf den zweiten Blick sehe ich aber, dass es nur ein Schwarm Möwen ist, der durch den Rückenwind mit 180 km/h über uns hinwegfegt und nach wenigen Augenblicken hinter dem Deich verschwindet. So möchte ich gleich auch rennen können, wenn ich auf der anderen Seite des Deichs bin und wieder durch das Marschland laufe.

Durch den »Möwenangriff« bin ich allerdings nun wieder mit meinen Gedanken beim Marathon. Ich schaue auf meine Uhr und fange an zu rechnen. Die Drei vorne ist immer noch drin, wenn ich jetzt nochmal alles gebe, was ich noch zu geben habe. Also los.

Ich versuche, mein Tempo noch etwas anzuziehen und komme dann endlich wieder an die Stelle, an der der Deich überquert wird. An der Schalke-Tankstelle fülle ich kurz meine Speicher wieder auf und laufe dann mit starkem Rückenwind weiter. Leider sind meine Beine nun wirklich leer. Viel Kraft ist nicht mehr vorhanden und Schmerzen bekomme ich nun auch. Die Muskulatur ist fertig. Aber der Wind schiebt mich nun durch die beigefarbene Marsch.

Ich blicke erneut auf meine Uhr und rechne. Das kann noch passen. Gut sogar. Ich darf nur nicht langsamer werden. Und so quäle ich mich weiter mit schmerzenden Beinen in Richtung Midlum. In Richtung Ziel.

Die bereits erwähnte Steigung komme ich kaum noch hoch. Es folgen die letzten paar hundert Meter bis zur Schule. Ein paar Zuschauer klatschen. Zweimal um eine Kurve und dann sehe ich 10 Meter vor mir den Zielbanner. Ich bin da. 3:55 und ein paar Sekunden. Unglaublich. Unter 4. Und das bei diesem Wind.

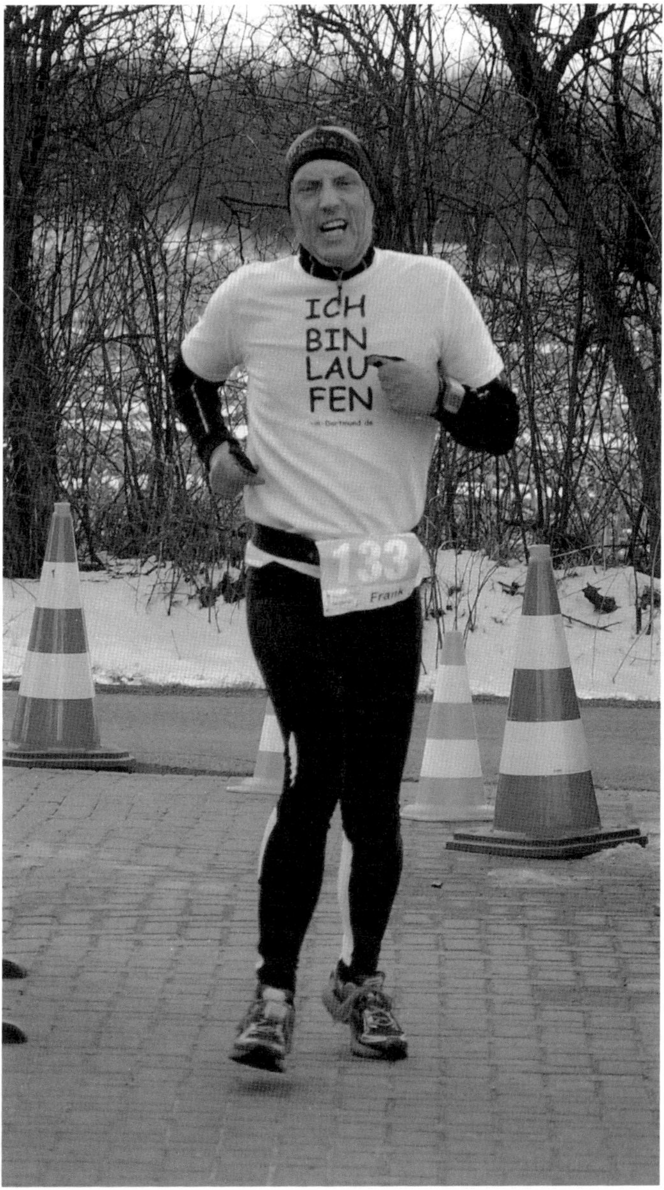
ICH
BIN
LAU
FEN
133
Frank

Ich freue mich wie ein König über diese für mich tolle Zeit. Marion erwartet mich im Zielbereich. Sie ist inzwischen bereits geduscht und gratuliert mir zur »unter 4«. Bernd ist nach wenigen Minuten ebenfalls im Ziel und auch Mario folgt in kurzem Abstand. Wir freuen uns darüber, dass wir den Kampf gegen den Wind gewonnen haben. Als wir erfahren, dass der Draußenschläfer von heute Nacht noch Gesamtdritter geworden ist, holt uns das wieder etwas auf den Boden der Tatsachen zurück. Aber so ist die Lauferei. Jeder läuft auf seinem Level und kämpft seinen eigenen Kampf. Und das mit vielen zusammen.

Nach einer Dusche, leichtem Dehnen und einer gemütlichen Ausruhpause in der Turnhalle wollen wir schließlich wieder zu unserer Pension. Wir marschieren zur Bushaltestelle, an der auch gerade passend ein Shuttlebus hält. Wir springen schnell hinein und wollen uns gerade hinsetzen, als der Fahrer nach dem Fahrgeld fragt. Das ist gar kein Shuttlebus sondern ein Linienbus, der die Orte auf der Insel miteinander verbindet. Dieser Umstand ist natürlich kein Problem. Mit einem Linienbus sind wir auch einverstanden. Das Problem ist mehr, dass wir überhaupt kein Geld dabei haben. Wie kommen wir jetzt zurück nach Wyk?

Zum Glück sind wir Laufsportler eine große Gemeinde und helfen uns gegenseitig. Steffen, ein Läufer, den wir bisher eigentlich nur vom Sehen her kennen, leiht uns das Fahrgeld und wir sind froh, dass wir nicht die fünf Kilometer bis nach Wyk zu Fuß gehen müssen. Und das auch noch mit Gegenwind.

Nach einer längeren Erholungspause auf unserem Zimmer schlendern wir zusammen mit Mario und seinen mitgereisten Bekannten zur Nationalparkhalle. Dort findet die Marathon-Nachfeier statt. Mit einem großen Büfett und gemütlichem Beisammensein. Laufsportler unter sich. Da gibt es immer viel zu erzählen.

Als wir abends wieder zu unserer Pension schlendern, freuen wir uns darüber, dass wir noch ein paar Tage hier auf der Insel verbringen können. Den Föhrer Wind haben wir bereits kennengelernt. Mal schauen, was die Insel noch zu bieten hat.

Ooooh... ein Verpflegungsstand

Es ist später Sonntagvormittag. Nach unserem gemütlichen Morgenläufchen sitzen Marion und ich mit einer Tasse Kaffee vor unseren Rechnern und stöbern auf diversen Laufportalen nach Laufveranstaltungen, die uns interessieren könnten. Wir sind ja durchweg auf der Suche nach außergewöhnlichen Events und staunen immer wieder darüber, auf welche Ideen der ein oder andere Laufveranstalter kommt.

Plötzlich meint Marion zu mir:

»Kennst Du eigentlich den Ahrathon?«

»Nö. Ist das nicht der Berg in der Türkei? Der mit der Arche Noah?«

Marion schaut mich Augen verdrehend an.

»Nein. Der heißt Ararat!«

»Ach ja. Stimmt. Ahrathon? Hmmm... vielleicht ein nordischer Gott? Ein Kumpel von Thor, dem Donnergott? Oder ein neuer, japanischer Geländewagen? Nö, keine Ahnung!«

Mein Schatz atmet tief durch und zeigt mir amüsiert eine Internetseite auf ihrem Rechner. Ich staune nicht schlecht. Der Ahrathon ist ein Marathon. Aber ein Besonderer. Zum einen verläuft er durch die schöne Landschaft der Weinberge rund um Bad Neuenahr-Ahrweiler in der Eifel im schönen Ahrtal. Zum anderen handelt es sich beim Ahrathon um einen Erlebnis- oder besser Genussmarathon. Das Ergebnis steht dabei nicht im Vordergrund, sondern das Erleben und Genießen des schönen Laufs. Und um das Genießen noch mehr in den Vordergrund zu stellen, gibt es an jeder der 14 Verpflegungsstellen zusätzlich zur gewöhnlichen Läuferverpflegung auch noch Wein und verschiedene andere Leckereien der Region. Sogar Kanapees, exotisches Obst und sonstige Häppchen sind auf der Speisekarte der Verpflegungsstellen zu finden.

Der Termin Mitte Juni passt uns gut ins Programm und ein paar Emails später sind wir schon angemeldet. Und passend zum Punkt »Genießen« haben wir uns sofort ein Zimmer in einem kleinen Hotel gebucht und bleiben nach dem Marathon noch ein paar Tage im Ahrtal.

Ich mache mir so meine Gedanken zum angebotenen Wein an den Verpflegungsstellen. Es gibt im Ahrtal unzählige Weingüter mit noch viel mehr verschiedenen Weinsorten. Eins der Weingüter ist sogar Mitveranstalter des Ahrathons. Wenn ich die Ausschreibung richtig verstehe, übernimmt an jeder Verpflegungsstelle ein anderes Weingut die Verpflegung. Das heißt, es gibt alle paar Kilometer einen anderen Wein zur Probe. Man *muss* ihn ja nicht jedes Mal trinken. Aber man *kann*.

Und so habe ich mir schnell ein Experiment in den Kopf gesetzt: Ich werde den Ahrathon laufen. 42,195 Kilometer durch das schöne Ahrtal. Und dabei möchte ich an jeder Verpflegungsstelle den angebotenen Wein probieren. 14-mal hintereinander, jedes Mal einen anderen… und dabei einen ganzen Marathon laufen. Das wird ein Spaß.

Das Experiment wird noch viel lustiger, da ich normalerweise überhaupt keinen Alkohol trinke. Vielleicht ein- oder zweimal pro Jahr ein Glas Sekt zu Silvester oder auf einer Geburtstagsfeier. Das einzige Bier, das ich mal trinke, ist ein alkoholfreies Weizen als Finisherbier im Zielbereich bei einer Marathonveranstaltung. Aber sonst? Eigentlich nie. Daher wirken bei mir ein Glas Bier oder ein Gläschen Wein recht schnell. Ganz zu schweigen von 14 Gläsern Wein. Wie gesagt… das wird ein Spaß.

Marion freut sich ebenso wie ich auf den Ahrathon, wobei sie »nur« den Halbmarathon laufen möchte und auf die Weinprobenverpflegung verzichten wird. Einer in unserem Team muss ja nachher noch Auto fahren und uns heil zurück zum Hotel bringen können.

Die Zeit vergeht schnell und irgendwann kommt endlich das Ahrathon-Wochenende. Freitagnachmittag fahren wir in die Eifel. Auf den letzten Kilometern bewundern wir fasziniert die Weinberge und das schöne Ahrtal. Richtig mediterran sieht es hier aus. Doris leitet uns gewohnt zuverlässig bis vor unser Hotel in Bad Neuenahr und beendet ihre Arbeit mit den Worten: »Sie haben ihr Ziel erreicht. Das Ziel liegt rechts!«

An der Rezeption erfahren wir, dass in unserer gebuchten Preisklasse kein Zimmer mehr frei ist. Dafür bekommen wir aber ein Zimmer der nächst höheren Kategorie ohne Aufpreis. Da sagen wir natürlich nicht nein. Als wir dann unser Zimmer betreten, sind wir sehr erfreut. So ein tolles Zimmer für einen recht günstigen Preis. Das Wochenende fängt ja richtig gut an.

Unser Zimmer ist riesig und als besonderes Bonbon hat es in einer Ecke eine Wendeltreppe, über die man nach unten in das Badezimmer gelangt. Bade*zimmer* passt allerdings gar nicht so richtig. Es ist eher ein Bade*saal*. Das Bad hat die gleiche Größe wie unser Zimmer oben drüber. Es ist ausgestattet mit einem WC, einem Bidet, einer sehr großzügigen Dusche, zwei riesigen Waschbecken eingelassen in einer noch riesigeren Marmortischplatte vor einem vier Quadratmeter großen Wandspiegel und einer kolossalen Badewanne mit Whirlpool. Das ist für uns Luxus pur und wir freuen uns schon auf morgen, wenn wir nach dem Marathon ein sprudelndes Entspannungsbad in unserem Whirlpool nehmen können.

Abends fahren wir noch ein wenig durch Bad Neuenahr und peilen die Lage. Wir entdecken den Hauptveranstalter des Ahrathons, das Weingut Sonnenberg. Nach etwas Sucherei finden wir auch das Dorint-Parkhotel, ebenfalls Veranstalter des morgigen Events. Auf dem Hotelgelände wird morgen der Start- und Zielbereich aufgebaut werden und in den Räumen des exklusiven Hotels werden die Startnummernausgabe, die Taschenaufbewahrung und die Sanitärräume zu finden sein. Für eine Laufveranstaltung ist das schon richtiger Luxus.

Als letzten Energieschub für morgen gönnen wir uns noch eine kleine Pizza und einen Salat, nachdem wir uns in einem kleinen Drogeriemarkt ein Schaumbad für unsere morgige After-Run-Entspannung besorgt haben. Unser Luxusbad wollen wir ja richtig ausnutzen.

Als wir wieder auf unserem Zimmer sind, verschwinde ich schnell nach unten ins Bad. Die gerade verspeiste Pizza drückt und wie vor jedem langen Lauf versuche ich in den letzten Stunden möglichst viel Ballast loszuwerden. Ich habe immer mal wieder Probleme beim Laufen mit der Verdauung, vor allem, wenn ich Nüsse und Trockenpflaumen zu mir nehme. Und ob die Laufstrecke morgen mit Straßenbegrenzungspfosten abgesichert ist, weiß ich nicht.

Als ich auf der Toilette sitze, wird mir erst richtig bewusst, was es bedeutet, in dem riesengroßen Bade- und Konzertsaal zu sitzen. Der Boden und die Wände sind zum Teil aus poliertem Marmor. Der Rest ist glatt gefliest. Jeder gesprochene Ton macht Hall. Und nicht nur gesprochene Töne. Die Akustik ist ähnlich wie in einem Amphitheater. Dazu kommt, dass wir durch die Wendeltreppe überhaupt keine Badezimmertür haben. Der Badesaal und unser Zimmer sind einfach durch die Treppenöffnung miteinander verbunden. Ich versuche, möglichst leise zu sein. Aber vergeblich. Mein Geknatter schallt laut bis nach oben und Marion ruft mir zu:

»Das habe ich gehört! Und das auch! Und das ebenfalls!«

Dabei lacht sie sich kaputt. Solange, bis sie zu mir runter ruft:

»Und jetzt rieche ich dich auch!«

Ihr Lachen verstummt schlagartig und ich höre das Öffnen des Zimmerfensters und dazu lautes Würgen. Das hat sie nun von ihrer Schadenfreude. Die fehlende Badezimmertür hat ihr wohl den Atem geraubt.

Am nächsten Morgen stehen wir früh auf und als ich nach Marion ins Bad gehe und mich fertig machen möchte, entschließt sie sich dazu, aus akustischen und olfaktorischen Gründen schon mal in den Speiseraum vorzugehen. Kurze Zeit später folge ich ihr und wir nehmen zügig ein kleines Frühstück zu uns. Am Lauftag selbst kann man das umfangreiche Angebot eines Hotelfrühstücks gar nicht richtig auskosten. Leider ist das bei unseren Reisen zu Laufveranstaltungen oft so. Aber wir haben ja noch ein paar Tage hier im Ahrtal. Dann holen wir das alles nach.

Doris bringt uns anschließend zum Dorint-Parkhotel. Dort finden wir zuerst keinen freien Parkplatz. Nur der Hotelparkplatz steht zur Verfügung. Für diesen muss man allerdings ein Ticket ziehen, das wiederum nur für ein paar Stunden gilt. Wie ich in der kurzen Zeit den Marathon laufen soll, weiß ich nicht. Aber vielleicht nehmen sie das heute nicht so genau. Außerdem ist Marion nach ihrem Halbmarathon ja schon eher wieder am Auto und kann einen neuen Parkschein ziehen.

Wir suchen uns den Weg durch verwinkelte Hotelflure und werden dabei in unserer bunten Laufkleidung von Hotelgästen begutachtet, die dort im Anzug und Krawatte an Sitzungen teilnehmen oder sonstigen Geschäften nachgehen. Dann bekommen wir unsere Startnummern, unsere Startbeutel inklusive einer Flasche Rotwein, besuchen noch mehrfach die mit Türen versehenen Sterne-Toiletten des Hotels und begeben uns schließlich in den Hotelpark direkt an der Ahr.

Hier warten wir noch ein paar Augenblicke und dann verabschiede ich mich von Marion. Ihr Halbmarathonstart ist erst 45 Minuten später, nachdem wir schon auf der Strecke sind.

Während wir im Startfeld warten, bekommen wir vom Sprecher einige Informationen über den Ahrathon. Wir laufen zweimal die Halbmarathonstrecke. Und es geht zum Teil über den bekannten Rotweinwanderweg. Außerdem gibt es heute auch einen Kostümlauf, bei dem nicht der Schnellste gekürt wird sondern der mit der ausgefallensten Verkleidung. Und die Gewinner aller Wettbewerbe bekommen keine Pokale sondern werden mit Wein aufgewogen. Hoffentlich haben das die Sportler, die um den Sieg kämpfen, vorher gewusst und sich eine Sackkarre mitgebracht. Es rechnet ja niemand damit, nach einem Marathon 80 kg Wein mitzunehmen. Zum Glück habe ich diese Sorgen nicht. Ich brauche mich heute nur um mein Wein-Experiment zu kümmern. Mal davon abgesehen, dass ich »Weinbergschnecke« noch nie um einen Sieg gelaufen bin.

Wir warten noch ein paar Minuten. Marion steht am Rand, wünscht mir nochmal viel Glück und ermahnt mich, darauf zu achten, wie ich mich mit dem Wein fühle, und dann folgt der Countdown. 10, 9, 8,… bei Null laufen wir los. Der Ahrathon beginnt.

Zusammen mit rund 80 Startern gehen wir auf die Marathonstrecke. Marion winkt mir nochmal zu, während das

Startfeld los stürmt. Auf beiden Seiten des Flusses verläuft ein Fuß- und Radweg, auf dem wir nun die ersten Kilometer entlang laufen. Die Strecke ist richtig schön idyllisch. Das Ufer ist grün bewachsen, Bäume stehen an unserem Weg, Parkbänke laden zum Verweilen ein. Aber dafür haben wir keinen Sinn. Wir sind ja gerade erst losgelaufen.

Trotzdem genieße ich das schöne Bild der Flusslandschaft. Irgendwann wechseln wir die Flussseite und haben danach einen ersten Blick auf einen hohen Weinberg, der hinter Ahrweiler liegt. Mir schwant Böses. Da wollen wir wirklich hinauf laufen? Auweia. Das sollte doch ein Genussmarathon werden.

Zuerst folgen wir aber noch der Ahr und bewundern laufend das schöne Ahrtal. Auf der linken Seite bekommen wir dabei einen großartigen Blick auf das Kloster Kalvarienberg, das eher an ein altes Schloss erinnert als an ein Kloster. Und ein paar hundert Meter weiter folgt der erste Verpflegungspunkt. Ich bin sprachlos vor Staunen. Ein Tisch mit weißer Tischdecke und neben den üblichen Getränken wie Wasser und Iso gibt es wirklich Rotwein in eleganten Weingläsern. Dazu ein paar Leckereien, die ich auf Anhieb gar nicht alle identifizieren kann. Ich denke an mein Erlebnis mit dem Straßenbegrenzungspfosten und verzichte sicherheitshalber erstmal auf die unbekannten Leckerchen. Aber mein geplantes Experiment wird durchgeführt. Also nehme ich mir ein Weinglas, sage »Prost« zu der Standbesatzung und trinke den Wein aus. Mehr als »Hmmm. Lecker!« fällt mir als »echter Weinkenner« nicht ein. Aber lecker ist der Wein wirklich. Er schmeckt richtig gut. Die Standbesatzung beobachtet mich. Als sie schmunzelnd auf mein »Prost« mit »Zum Wohl« antworten, merke ich, dass sie mich direkt durchschaut haben. Ich habe überhaupt keine Ahnung von Wein.

Ich bedanke mich, erwähne, dass ich in der zweiten Runde gleich nochmal wiederkomme und laufe dann weiter. Nach einem Kilometer laufen wir erneut auf den hohen Weinberg zu. Wie eine senkrechte Wand steht er vor uns. Und ganz oben sehe ich kleine Marathonläufer auf einem Weg entlang laufen. Unglaublich. Das sind die schnellen Marathonis, die schon weit vor mir sind. Wir müssen da wirklich ganz hoch.

Die Strecke verläuft unter einer Unterführung her und biegt nach links ab. Jetzt geht es direkt steil nach oben und mit jedem Meter, den ich weiter laufe und nach oben klettere, bekomme ich eine grandiosere Aussicht auf das Ahrtal. Bei der Kletterei beginne ich stark zu schnaufen. Gleichzeitig fange ich an zu gibbeln. Ich lache vor mich hin und stelle belustigt fest, dass das Gläschen Wein bereits wirkt. Zwei holländische Teilnehmer, die die ganze Zeit in meiner Nähe sind, schauen mich erstaunt an und wundern sich darüber, warum ich die Kletterei so lustig finde. Aber ich erkläre nichts und laufe lachend aber langsam weiter nach oben in den Weinberg hinein. Das wird echt lustig heute.

Teilweise wird die Strecke so steil, dass ich nur noch gehen kann. Da ich auch diese Tatsache im Moment sehr lustig finde, lache ich weiter vor mich hin und klettere dabei weiter. Der Weg führt in Serpentinen den Weinberg hinauf und die Aussicht wird dabei immer besser. Die ganze Landschaft ist einfach wunderschön. Das, was wir gestern auf der Hinfahrt schon festgestellt haben, bewahrheitet sich nun. Die Weinberge, kleine Stützmauern aus aufeinander gestapelten Natursteinen am Wegesrand, das idyllische Flusstal im Ganzen… Das Ahrtal wirkt sehr mediterran und lädt zum Hierbleiben ein.

In unregelmäßigen Abständen stehen an der Strecke Hinweisschilder mit Informationen zum Weinanbau. Wir befinden uns auf einem Weinbaulehrpfad und könnten jetzt nebenbei noch etwas lernen. Aber sowohl das Laufen und Schnaufen als auch meine erste Weinprobe verhindern, dass ich mich zu lange mit den Hinweisen beschäftige.

Das Feld der Läufer hat sich schon sehr auseinander gezogen. Nur vereinzelt habe ich noch andere Teilnehmer in meiner Nähe. Dafür sind recht viele Wanderer auf der Strecke, die immer ein nettes Wort für uns haben oder uns zujubeln.

Der nächste Verpflegungspunkt wird angekündigt und ich überlege, ob ich wirklich mit dem Wein trinken weiter mache. Wie soll das enden? Aber das ist nun mal mein Experiment. Egal, wie es endet. Also weiter.

Am Verpflegungspunkt trinke ich nun erst einmal einen Becher Wasser, denn ich schwitze inzwischen aus vollen Rohren. Danach folgt dann das zweite Gläschen Wein. Eine andere Sorte, aber genauso lecker. Auch hier rutscht mir ein

»Prost« raus und ich ernte ebenfalls ein »Zum Wohl«. Ich lerne es heute noch.

Einige Wanderer halten sich hier ebenfalls länger auf und pausieren bei einem Glas Rotwein an der Strecke. Zur Unterhaltung spielt dabei ein Gitarrist auf seinem Instrument und sorgt ebenfalls für gute Stimmung.

Ich laufe weiter und merke schon nach ein paar Metern den gestiegenen Weinpegel in mir. Aber er macht mich nur lustig und hindert nicht wirklich beim Laufen. Allerdings ist das Läuferfeld nun noch weiter auseinander gezogen. Die schwierige Laufstrecke trennt inzwischen die Spreu vom Weizen, wobei ich eher zur Spreu gehöre. An meinem zu langen Verweilen an den Verpflegungspunkten oder an der ungewohnten Getränkeversorgung kann das eigentlich nicht liegen. Da bin ich mir fast sicher.

Wir befinden uns jetzt auf dem Rotweinwanderweg, einem bekannten Wanderweg durch das Ahrtal. Links und rechts neben der Strecke befinden sich überall nur Weinreben. Dazwischen sieht man hier und da Männer arbeiten, die an den hier sehr steilen Hängen zwischen den Reben herum werkeln. Sie klettern die Reihen zwischen den Reben stundenlang rauf und runter, schneiden an den Reben herum und wissen abends auch, was sie geleistet haben. Höhenmeter haben sie auf jeden Fall auch jede Menge gemacht.

Alle paar Minuten kommen mir Wandergruppen entgegen. Ich bekomme immer ein freundliches Wort und gute Wünsche mit auf meinen Weg. Jedes Mal bedanke ich mich bei den Wanderern und während ich so vor mich hin laufe, genieße ich das sommerliche Wetter und die tolle Landschaft der Eifel. Es ist wirklich wunderschön hier.

Der dritte Verpflegungspunkt naht und ich überlege erneut, ob ich mit dem Wein weitermache. Aber auch hier ist der Tisch mit allerlei Leckereien reich gedeckt. Und natürlich wieder mit einem anderen Rotwein. Ich mampfe mich durch das Angebot und beende den Ladevorgang mit einem Gläschen Wein. Nach meinem inzwischen zur Gewohnheit gewordenen »Prost« verbessere ich mich sofort selbst und schiebe ein »Zum Wohl« hinterher. Die Standbesatzung schmunzelt und antwortet entsprechend ebenfalls mit »Zum Wohl«. So langsam habe ich es raus.

Nach dieser Schlemmerei laufe ich langsam weiter. Dabei bekomme ich ein Grinsen nicht mehr aus dem Gesicht. Das Laufen fühlt sich irgendwie ganz leicht an, obwohl die Strecke nach wie vor recht anspruchsvoll ist. Es geht immer noch über den unebenen Wanderweg ständig rauf und runter und wir befinden uns nach wie vor oben auf dem riesengroßen aber sehr schönen Weinberg.

Nach kurzer Zeit kommen wir an eine Stelle, an der uns von rechts vorne Läufer entgegen kommen. Das sind die Marathonis, die schon weit vor mir sind und die die noch vor mir liegende, große Schleife bereits absolviert haben. Und die vielleicht auch nicht minutenlang an jedem Verpflegungspunkt anhalten und das komplette Angebot wahrnehmen.

Die Strecke biegt nach links ab und wir laufen nun über den Berg hinüber. Dieser Pass hat sogar einen richtigen Namen. Er heißt Maubischpass. Auf der Rückseite des Bergs laufen wir in einem großen Bogen wieder um eine Erhöhung herum und gelangen an den vierten Verpflegungspunkt, an dem richtig Betrieb ist. Hier sitzen einige Wanderer und genießen die Verpflegung und Live-Musik. Zur Abwechslung gibt es hier Weißwein und das auf dem Rotweinwanderweg. Diese Tatsache lässt mich wieder vor mich hin gibbeln, was allerdings nicht bedeutet, dass ich nun verzichten würde. »Zum Wohl!« und ein Gläschen Weißwein gesellt sich zu den drei Roten.

Ich laufe weiter und komme nach kurzer Zeit an die Stelle mit dem Gegenverkehr. Hier treffe ich tatsächlich zufällig Marion, die jetzt an dem Punkt ist, den ich vorhin beschrieben habe. Sie muss noch die große Schleife drehen. Recht flott ist sie unterwegs und sie wirkt noch richtig kraftvoll. Ein kurzer Gruß und schon ist sie wieder verschwunden. Wenn ich nicht aufpasse, holt sie mich noch ein, obwohl sie 45 Minuten nach mir gestartet ist.

Ein Stückchen weiter geht es dann steil nach unten. Wir verlassen den Weinberg und erreichen unten im Tal den Ort Ahrweiler. Hier durchstreifen wir die romantischen, kleinen Gässchen der Altstadt, nicht ohne am fünften Verpflegungspunkt erneut einen weiteren Rotwein zu kosten. Langsam habe ich es ohne mich zu versprechen drauf: »Zum Wohl!«

Ahrweiler verlassen wir durch ein altes Stadttor und von jetzt an laufen wir wieder direkt an der Ahr entlang. Nach vier Kilometern sehe ich auf der anderen Flussseite den Start- und Zielbereich. Dort ist richtig gute Stimmung, da inzwischen viel mehr Menschen dort sind. Die vielen anderen Wettkämpfe über kürzere Distanzen sind inzwischen alle gestartet und zum Teil auch schon wieder beendet. Dementsprechend ausgelassen wirkt die Menge. Musik schallt herüber und der Zielsprecher begrüßt die ankommenden Läufer.

Ich laufe weiter und streife nach kurzer Zeit die Spielbank Bad Neuenahrs. Hier wechsle ich nun auf die andere Seite der Ahr, wobei ich am sechsten Verpflegungspunkt ankomme. Ich probiere einen neuen Wein, dieses Mal wieder einen Roten, und gönne mir ansonsten nur etwas Obst, obwohl es hier ohne Ende Leckereien zu speisen gibt. »Zum Wohl!« und weiter geht's.

Nach einem Kilometer durch den Kurgarten bin ich dann plötzlich schon wieder am Dorint-Hotel und laufe durch den Zielbogen. Die erste Runde ist geschafft.

Kurz hinter dem Bogen befindet sich schon wieder der nächste Verpflegungsposten, inzwischen der Siebte. Ein Glas Rotwein muss sein und hier sind die Gläser besonders voll, denn dieser Stand ist nachher auch unsere Zielverpflegung. Hier meint man es besonders gut mit uns.

Ich starte in die zweite Runde. Dabei bemerke ich, dass es mir echt sehr gut geht. Das Laufen funktioniert noch trotz der vielen bereits absolvierten Höhenmeter sehr gut. Ich fühle mich noch locker und leichtfüßig. Den Wein merke ich bisher nicht sonderlich. Im Gegenteil: Meine Stimmung ist ausgezeichnet. Oder ist meine Stimmung vielleicht nur durch den Wein so gut? Keine Ahnung. Auf jeden Fall freue ich mich nun richtig darauf, noch einmal diese schöne Runde zu drehen. Wahrscheinlich wandelt mein Stoffwechsel den Wein direkt in Energie um.

Als ich erneut an der Ahr entlang laufe, sehe ich Marion auf der anderen Flussseite. Zwei Kilometer hat sie noch bis zum Ziel. Sie muss ordentlich Gas gegeben und sich nicht lange, so wie ich, an den Verpflegungsposten aufgehalten haben. Da hat sie wohl leider etwas verpasst.

Ich freue mich regelrecht darauf, wieder über den schönen Rotweinwanderweg zu laufen, die tolle Aussicht von oben zu genießen und noch insgesamt sieben Mal an den exzellenten Verpflegungsposten anzuhalten.

Als ich wieder die Ahrseite wechsle, kommen mir nun die verkleideten Läufer entgegen. Die verrücktesten Kostüme kann ich bewundern. Manche sind so aufwändig gestaltet, dass ich überlege, wie man darin überhaupt laufen kann. Vielleicht wirkt bei mir aber auch nur der Wein schon mehr als ich zugeben möchte. Habe ich schon Halluzinationen?

Nach dem achten Verpflegungspunkt inklusive dem obligatorischen »Zum Wohl!« erklimme ich grinsend zum zweiten Mal den Weinberg. Inzwischen ist es Mittag, es ist viel wärmer geworden, die Aussicht gefällt mir noch besser als vorhin und ich laufe beschwingt den Rotweinwanderweg entlang. Nun sind noch viel mehr Wandergruppen unterwegs und alle grüßen mich fröhlich, klatschen oder jubeln mir zu. Entweder sind hier einfach alle Menschen sehr fröhlich oder die Wanderer haben ebenfalls an unseren Verpflegungspunkten haltgemacht. Oder vielleicht sehen sie mir bereits von weitem an, dass ich an jedem Verpflegungspunkt gestoppt und mich bestens verpflegt habe. Ich habe bestimmt schon glasige Augen und eine rote Weinnase.

Die Besatzungen der nächsten Weinprobenstände sowie sämtliche Streckenposten sind alle gut drauf. Sie sind lustig, feuern mich an und klatschen und jubeln euphorisch. Ich kann gar nicht glauben, wie freudestrahlend die Menschen hier sind. Oder kommt mir das nur so vor? Liegt es an den inzwischen elf Weinproben? An dem vielen Durcheinander der Weinsorten? Ich weiß es nicht. Auf jeden Fall gefällt es mir sehr gut.

So laufe ich leichtfüßig weiter und fühle mich kraftvoll und voller Elan. Ich komme wieder runter nach Ahrweiler, durchstreife noch einmal die urige Altstadt und halte kurz am zwölften Verpflegungspunkt an. »Zum Wohl!« und weiter geht's.

Noch einmal laufe ich an der Ahr entlang und nach ein paar Kilometern erneut am gegenüberliegenden Ziel vorbei. Dann kommt zum zweiten und letzten Mal die Spielbank, ein Stopp am vorletzten Verpflegungspunkt und leichtfüßig wie noch nie gehe ich auf den letzten Marathonkilometer.

Der Zieleinlauf ist echt beeindruckend. Hier ist inzwischen richtige Feststimmung. Die Wiese hinter dem Hotel ist voller Menschen und jede Menge Zuschauer bejubeln mich auf meinen letzten Metern. Ich laufe über die Ziellinie und bin da. Und glücklich. Und immer noch gut drauf und sehr guter Laune. Der Ahrathon ist erfolgreich gefinisht.

Marion erwartet mich direkt hinter der Ziellinie. Sie gratuliert mir und schaut mir tief in die Augen. Ich lalle ihr entgegen, dass es mir noch richtig gut geht. Mann, ich bin wohl doch erschöpfter als ich dachte. Ich kann schon gar nicht mehr klar und deutlich sprechen.

Wir gehen zusammen zur Zielverpflegung und genießen nun erst einmal das Angebot. Ein paar Becher Cola, Iso und ein paar Trauben gönne ich mir nun. Und dann fällt mir

wieder mein Experiment ein. Der letzte Verpflegungspunkt fehlt ja noch auf meiner Liste. Nummer 14. Also dann…
»Zum Wohl!«

Hier auf der Wiese ist nun richtige Volksfeststimmung. Es läuft fröhliche Musik. Die Sieger der einzelnen Wertungen werden geehrt und müssen auf eine riesige Waage klettern. Dort werden sie mit Weinkisten aufgewogen und unter großem Applaus verabschiedet.

Ich suche mir nun mit Marion eine freie Ecke auf dem Rasen und lege mich erst einmal lang hin. Als ich meine Augen schließe, beginnt plötzlich in mir eine Fahrt in einem Karussell. Boah… ist mir schwindelig. Ich richte mich schnell wieder auf und öffne die Augen. Das hätte ich jetzt nicht gedacht. Solange ich gelaufen bin, habe ich den Alkohol nicht wirklich gemerkt. Im Gegenteil. Das Laufen fühlte sich sogar leicht an. Aber jetzt? Auweia. Ich muss aufpassen, dass mir nicht schlecht wird. Ich wollte gerade noch einen schlauen Spruch loswerden, dass ich ab jetzt immer besoffen meine Wettkämpfe laufe, aber den verbeiße ich mir nun. Es dreht sich alles um mich herum. Gut, dass Marion auf mich aufpasst.

Während wir noch auf dem Rasen sitzen und zumindest ich Probleme damit habe, die Beschleunigungskräfte der Erddrehung auszugleichen, werden die schönsten Verkleidungen des Kostümlaufs prämiert. Vielleicht gibt es ja auch einen Ehrenpreis für die erfolgreiche Teilnahme an sämtlichen Weinproben auf der Strecke. Da hätte ich endlich auch mal eine Chance auf einen ersten Platz.

Als Marion mich später zum Auto bringt, beginnen meine Beine zu krampfen. Marion erklärt mir, dass das von der Verköstigung des Weins kommt. Der Alkohol spült das Magnesium aus den Muskeln und das führt zu Krämpfen. Da muss ich wohl jetzt durch.

Marion fährt uns wieder zurück zum Hotel und unterwegs erzählt sie mir, wie gut sich ihr Lauf angefühlt hat und wie attraktiv sie die Strecke fand. Es lag also nicht nur an meinen Weinproben, dass es mir hier so gut gefallen hat. Das beruhigt mich.

In unserem Zimmer lege ich mich aufs Bett und Marion lässt in unserem Badesaal das Wasser ein. Sie gibt einen guten Schuss von unserem neuen Schaumbad in die Wanne und startet schon mal den Whirlpool. Dann kommt sie wieder hoch nach oben und wir schwärmen uns gegenseitig vor, wie schön die Laufstrecke heute war und wie gut es uns hier im Ahrtal gefällt.

Nach einer guten Viertelstunde klettert Marion wieder über die Wendeltreppe nach unten und beginnt sofort, um Hilfe zu rufen. Was ist los? Ich eile mit meinen krampfigen Beinen so gut es geht hinterher und entdecke sofort das Malheur.

Marion steht vor einem gut zwei Meter hohen Schaumberg. Er reicht bis zur Zimmerdecke und läuft schon lange über den Wannenrand über. Große Teile des Bodens sind ebenfalls mit Schaum bedeckt. Wie blöd ist das denn? Oder besser: Wie blöd sind wir denn? Schaumbad und Whirlpool vertragen sich anscheinend nicht so gut.

Marion lacht sich inzwischen über unsere Badepanne kaputt, zieht sich aus und legt sich unter den weißen Schaumberg in die Wanne. Nur ihr Gesicht schaut noch heraus. Aber die Sprudelei schalten wir wohl erst einmal besser aus.

Nach Marion lege ich mich auch noch eine Viertelstunde in das Badewasser und entspanne meine krampfenden Muskeln. Der weiße Berg verändert sich irgendwie überhaupt nicht. Unverändert reicht er bis zur Zimmerdecke und wird einfach nicht kleiner.

Nach meinem Bad versuchen wir den Schaum irgendwie loszuwerden. Mit einem kalten Brausestrahl lässt er sich nicht zerlegen. Wir versuchen daher, Schaumballen mit der Hand aufzunehmen und im Klo wegzuspülen, aber auch das ist sinnlos. Jetzt bleibt der Schaum auf dem Wasser der Toilette liegen und wird beim Spülen eher mehr als weniger. Am besten warten wir einfach, bis er sich selbst auflöst. Wenn er bis morgen verschwunden ist, wenn unser Zimmer gemacht wird, ist ja alles gut.

Abends gehen wir zum Weingut Sonnenberg, wo das Abschlussfestival »Rock & Wein« stattfindet. Hier treffen wir viele Läufer wieder, die wir heute unterwegs auf dem Rotweinwanderweg kennengelernt haben. Bei guter Stimmung, toller Musik und noch ein oder zwei Gläsern Wein genießen wir den Abend.

Als wir später auf unser Zimmer kommen, stellen wir fest, dass sich in unserem Bad noch nicht viel getan hat. Der Berg steht unverändert über unserer Wanne. Aber darum kümmern wir uns morgen früh. Wie auch immer?

Von Mama zu Mama

Wir sind mit dem Auto auf dem Weg zu Marions Eltern. Sie haben uns zu Kaffee und Kuchen eingeladen und wir freuen uns schon auf einen gemütlichen Nachmittag.

Erst vor wenigen Wochen habe ich am Internationalen Triple Marathon teilgenommen. Drei Marathons hintereinander. 126,6 Kilometer an einem Tag.

Unterwegs im Auto fällt uns auf, dass die Entfernung zwischen unserem Wohnort Welver und Marions alter Heimat Neuss nahezu genauso weit ist wie die zu laufende Strecke beim Triple Marathon. Mit dem Auto fahren wir die Strecke in knapp anderthalb Stunden. Beim Triple Marathon habe ich dafür an reiner Laufzeit immerhin gut 18 Stunden gebraucht. Wir sind die Strecke nach Neuss ja schon oft gefahren und ich kenne sie gut. Aber irgendwie hat die Entfernung zwischen Welver und Neuss nun eine andere Bedeutung für mich. Und während der Weiterfahrt und des Schwelgens in Erinnerungen an den Triple Marathon kommt mir eine Idee. Eine verrückte Idee. Ich traue mich gar nicht, sie Marion zu sagen. Aber was soll's. Also raus damit.

»Kennst Du eigentlich das Sprichwort: Nur wo Du zu Fuß warst, bist Du wirklich gewesen?«

»Ja. Habe ich schon mal gehört. Warum meinst Du? Du willst doch nicht etwa…?«

»Doch.«

»Du bist verrückt!«

Und schon ist eine Idee geboren und quasi direkt dingfest gemacht. Marion ist – glaube ich – mit meinem Vorhaben einverstanden. Zumindest habe ich ihre Antwort so gedeutet. Ich möchte von unserem Zuhause in Welver bis zu Marions Eltern in Neuss laufen. Einmal quer durch Nordrhein-Westfalen. Einen ganz privaten Ultramarathon.

In den nächsten Wochen geht mir dieses Vorhaben nicht mehr aus dem Kopf und ich beginne, das Ganze zu planen. Woher soll die Strecke verlaufen? Wie organisiere ich die Verpflegung? Wann mache ich diese Aktion? Und und und…

Jede Menge Details wollen geklärt werden. Marion und ich reden viel über diesen verrückten Lauf und nach einiger Zeit steht das Konzept. Ich werde im nächsten Sommer laufen. Dann, wenn die Nächte möglichst kurz sind, damit ich nicht so lange durch die Dunkelheit laufen muss. Marion wird mich mit dem Auto begleiten und versorgen. Und bis dahin will ich noch viele lange Läufe machen, damit es mir am Ende nicht wieder so geht wie beim Triple Marathon. Ich muss ein Tempo und eine Laufart für mich finden, die ich so lange entspannt laufen kann.

Aber wie plane ich die Strecke? Bei einem Trainingslauf durch die Umgebung Welvers kommt mir ein Wegweiser des NRW-Radwegenetzes vor die Augen. Das sind rotweiße Schilder, auf denen der jeweils nächste Etappenpunkt der Radstrecken vermerkt ist und dazu die bis dahin zu fahrenden Kilometer. So müsste es doch gehen.

Wieder zu Hause finde ich kurz darauf die Internetseite des Radwegenetzes NRW. Dort kann man sich Radstrecken ausarbeiten lassen, indem man Anfangs- und Endpunkt einer Radstrecke eingibt. Die Seite berechnet dann die günstigste Radstrecke über nicht so befahrene Straßen oder Radwege.

Nach Eingabe der Orte Welver und Neuss bekomme ich eine Strecke angezeigt, die rund 125 Kilometer lang ist und die von Welver aus über Werl, Schwerte, Hagen, Ennepetal, Wuppertal und dann weiter in Richtung Neuss verläuft. Das angezeigte Höhenprofil ist zwar der Kracher, da die Strecke quer durch das Bergische Land geht, aber das wusste ich ja vorher. Die hügelige Landschaft kenne ich ja von unseren Autofahrten.

Nachdem ich mich dazu entschieden habe, den rotweißen Schildern bis nach Neuss nachzulaufen, sehe ich sie einfach überall. Ganz NRW scheint für Radfahrer hervorragend ausgeschildert zu sein und ich habe ein gutes Gefühl bei dem Gedanken, mich diesen Schildern anzuvertrauen.

Bei einem nächsten Trainingslauf komme ich auf die Idee, einfach mal von Zuhause aus bis zum ersten Etappenziel nach Werl diesen Schildern nachzulaufen. Das wäre doch ein guter Test. Ich kenne mich zwar hier in der Umgebung gut aus, aber ich kann ja mal so tun, als ob ich fremd wäre, und laufe einfach konsequent der Beschilderung nach.

So starte ich von der Haustür aus und laufe zu unserer Hauptstraße, wo ich den ersten Wegweiser in Richtung Werl bereits vor kurzem geortet habe. Von hier aus folge ich nun der Beschilderung und ignoriere streng meine Ortskenntnisse. Die Schilder führen mich einige Kilometer in Richtung Werl über kleine Straßen und Feldwege und plötzlich stehe ich mitten auf einem Acker und weiß nicht mehr weiter. Was nun? Ich weiß, wo Werl liegt, und ich weiß ebenso, wie ich dort jetzt hinkäme. Aber wenn ich hier fremd wäre, wüsste ich nun nicht weiter.

Ich laufe ein paar hundert Meter zurück und finde das letzte Schild mit dem Hinweis »Werl«. Ich drehe erneut um und versuche an jedem Abzweig irgendwo ein Schild zu entdecken, das ich vielleicht vorhin übersehen habe. Keine Chance. Da ist nichts zu machen. Da ist einfach keins.

Ich laufe wieder weiter bis zu dem Acker und entscheide mich nun dafür, einfach geradeaus am Ackerrand entlang zu laufen. Wobei man meine Bewegungsart eigentlich gar nicht Laufen nennen kann. Ich latsche durch dicken Schlamm und habe inzwischen mehrere Kilogramm Matsche an den Schuhen kleben.

Nach ungefähr 200 Metern komme ich an eine Straße. Auch hier finde ich kein Schild, daher entscheide ich mich nun, einfach mal in Richtung Werl weiterzulaufen. Ich weiß ja, wo es liegt.

In Werl angekommen entdecke ich wieder die rotweißen Schilder in Richtung Werl-Innenstadt. Den Schlamm an meinen Schuhen habe ich weitgehend abgelaufen und so trabe ich nun weiter zur City. Dort finde ich weitere Schilder in Richtung Unna und verschiedene Ortsnamen, die ich noch nie gehört habe. Unna wäre von hier aus ein großer Umweg. Eigentlich würde ich von hier aus ja in Richtung Schwerte weiterlaufen, aber welcher der unbekannten Orte führt mich nach Schwerte? Ich habe keine Ahnung. Daher entschließe ich mich mürrisch dazu, wieder zurück nach Hause zu laufen. Dazu folge ich nun den Schildern in Richtung Welver und entdecke unterwegs die Kreuzung, an der ich auf dem Hinweg falsch gelaufen bin. Hier fehlt einfach ein Schild. Das ist alles.

Dieser Testlauf erzeugt nun in mir ein ungutes Gefühl. Ganz so einfach, wie ich es mir vorgestellt habe, ist es wohl doch nicht, nur nach der Radwegenetz-Beschilderung einmal quer durch Nordrhein-Westfalen zu laufen. Nach vier oder fünf Kilometern habe ich mich bereits verlaufen. Wer weiß, wie viele Schilder auf der Strecke noch fehlen?

Ich habe nun ein komisches Gefühl bei meiner geplanten Strecke und setze mich erneut vor den Rechner. Ich ändere hier etwas und verschiebe dort einen Etappenpunkt und bekomme schließlich eine neue Strecke angeboten. Sie verläuft nun von Welver aus nach Unna, geht weiter über Dortmund, Witten, am Kemnader Stausee vorbei, dann durch das Bergische Land und quer durch Düsseldorf bis nach Neuss. Diese nun 130 Kilometer lange Strecke fühlt sich besser an, weil ich zumindest die erste Hälfte eigentlich ganz gut kenne. Nach Unna komme ich schon irgendwie, mit oder ohne Schilder. Dortmund ist meine Heimatstadt. Die Strecke nach Witten kenne ich ebenfalls und dann komme ich schon so oder so weiter. Mich einfach auf die rotweißen Schilder zu verlassen, habe ich aufgegeben. Sie sind bestimmt eine gute Hilfe, aber es muss dann zur Not auch so gehen. Ich möchte mich ja nicht mitten in NRW verirren und in eigentlich so naher Fremde verloren gehen.

So lerne ich nun die Reihenfolge der Namen der Städte und Orte auf meiner Strecke auswendig. Zusätzlich drucke ich mir zwei Sätze kleiner Karten mit sämtlichen Straßennamen von der Radwegenetzseite aus. Zweimal 33 Stück. Einen Satz für Marion, einen Satz für mich.

Bei einem zweiten Versuch, den rotweißen Schildern zu folgen, laufe ich nun ein paar Tage später in Richtung Unna. Die ersten zehn Kilometer funktionieren prima und ich habe nun ein besseres Gefühl für mein Laufabenteuer.

Was mir jetzt noch fehlt, ist ein cooler Name für den Lauf quer durch NRW. Meine Mutter wohnt nur 150 Meter von uns entfernt und ich nehme mir vor, von ihrer Haustür aus zu starten. Das Ziel ist ja das Haus von Marions Eltern und so werde ich von meiner Mutter zu Marions Mutter laufen. Von meiner Ma zu Marions Ma. Von Ma zu Ma. Oder besser von ma2ma.

Schließlich entwerfe ich mir noch ein Logo des ma2mas und eine Urkunde wird vorbereitet. Und dann ist endlich alles soweit fertig.

Marion wird mich mit dem Auto begleiten und für meine Verpflegung sorgen. Allerdings besteht sie darauf, dass ich in den Monaten vor dem ma2ma viele lange Einheiten mache, damit sie mich mit einem guten Gewissen auf die Strecke schicken kann. Ich folge ihrem Wunsch natürlich bereitwillig und nehme mir mehrere lange Läufe unter die Sohlen, darunter einige Marathonveranstaltungen, die ich nicht als Bestzeitenversuch laufe sondern als lange Trainingseinheit. Außerdem werde ich ein paar Wochen vor dem Lauftermin auf meiner Arbeitsstelle vom Arbeitsmedizinischen Dienst untersucht und auch gesundheitlich steht nun dem ma2ma nichts mehr im Wege.

Bei einer der Vorbereitungsveranstaltungen treffe ich unseren Lauffreund Arno und erzähle ihm von meinem Vorhaben, einmal quer durch NRW zu laufen. Er ist genauso verrückt wie ich, begeistert von der Idee und bietet mir an, mitten in der Nacht gegen 0 Uhr in Dortmund einen Verpflegungsstand einzurichten. Nur für mich. Darüber freue ich mich sehr, weil Marion bis zu diesem Zeitpunkt erstmal noch zu Hause bleiben kann. Der Tag als Supporterin und vor allem die Nacht werden schon lang genug. So kann sie etwas später starten und sich erst noch ein wenig ausruhen. Dieses erste Teilstück schaffe ich auch allein in Eigenversorgung und kann mich dann in Dortmund stärken. Ab hier wird Marion dann meine Versorgung mobil übernehmen. Soweit nun der Plan. Der Tag kann kommen.

An den letzten Tagen vor dem ma2ma merke ich Aufregung in mir aufsteigen. Das habe ich so in dieser Form schon lange nicht mehr gehabt und mir wird klar, dass ich ganz schön Achtung vor dem anstehenden Lauf habe. Er wird noch etwas länger als der Triple Marathon und vor allem liegt er allein in unserer Hand. Es gibt kein professionelles Organisationsteam, das den Lauf durchgeplant hat. Wir haben alles in unserer eigenen Verantwortung. Da kann so viel Unvorhergesehenes passieren.

Terminlich sehr ungelegen steht am Vortag noch der AOK-Firmenlauf Hamm an, an dem wir mit ungefähr 20 Arbeitskollegen teilnehmen wollen. Da ich mich schon vor einiger Zeit angemeldet habe und meine Kollegen auch nicht im Stich lassen möchte, trabe ich die sechs Kilometer einfach entspannt runter und sehe diesen Lauf als letztes Auflockern vor dem ma2ma. Hoffentlich geht das gut.

Freitags muss ich noch bis 15 Uhr arbeiten. Danach versuche ich mich ein wenig auszuruhen und packe schließlich meine sieben Sachen. Süße, saure und salzige Kalorienbomben sind dabei. Mehrere Wechselshirts kommen mit. Das Auto-Ladekabel für meinen Garmin. Und jede Menge sonstiges Zeug, das alles in einer großen, gelben Kiste verstaut und in unserem Kofferraum platziert wird.

Ich ziehe mich um, fülle meinen Trinkrucksack mit einer Iso-Mischung, schnalle mir meine Bauchtasche mit Kamera und Energiegels um und befestige die Oberarmtasche mit meinem Handy und meinen 33 selbst gedruckten Karten an meinem Oberarm. Ich bin bereit.

Um 18:30 Uhr geht es los. Marion rollt auf ihrem Fahrrad die 150 Meter bis zu meiner Mutter neben mir her. Hier angekommen habe ich nun noch eine halbe Stunde Zeit, meine Mutter zu beruhigen. Sie macht sich große Sorgen um meine Gesundheit und erst, als ich ihr klar mache, dass ich bereits im letzten Jahr so eine Strecke gelaufen bin, dass ich ja recht langsam laufe und dass Marion die ganze Zeit auf mich aufpasst, beruhigt sie sich. Marion verspricht zusätzlich, sie per Telefon im wahrsten Sinne des Wortes auf dem Laufenden zu halten.

Es folgt schließlich ein herzlicher Abschied und dann laufe ich um Punkt 19:00 Uhr los. Die ersten Meter fühlen sich total komisch an. So lange habe ich auf diesen Moment hintrainiert. Und nun ist er da. Das Abenteuer ma2ma kann beginnen.

Es ist ein fast windstiller, lauer Sommerabend. Ideal zum Laufen. So wie ich es liebe. Ich trabe jetzt erst einmal über Wege, die ich im Laufe der Jahre vielleicht schon tausendmal gelaufen bin. Nur laufe ich sie heute mit dem Wissen, dass ich hier nicht auf einer meiner Trainingsrunden bin, sondern dass ich nun mehr als 20 Stunden unterwegs sein werde. Das ist schon echt verrückt und ich denke am besten nicht weiter darüber nach.

Marion rollt auf ihrem Rad neben mir her und wir planen die nächsten Stunden. Nach zwei Kilometern verabschieden wir uns aber schon wieder. Marion wird nun nach Hause fahren und versuchen, etwas vorzuschlafen. Gegen 0 Uhr heute Nacht wird sie zu Arnos Verpflegungspunkt in Dortmund kommen und von da an in meiner Nähe bleiben. Bis dahin schaffe ich es hoffentlich allein. Mein Trinkrucksack ist gefüllt, Energiegele habe ich »an Bord«. Und verlaufen dürfte ich mich eigentlich auf diesem ersten Stück auch nicht.

Die ersten Kilometer laufe ich nach meiner Ortskenntnis und entdecke dann schließlich das erste rotweiße Schild in Richtung Unna. Von jetzt an folge ich der Beschilderung und lande schnell auf einer alten, stillgelegten Bahnlinie, die zu einem Radweg ausgebaut ist. Schnurstracks geradeaus trabe ich nun eine ganze Zeit lang in Richtung Westen und gehe dabei meinen Gedanken nach. Warum mache ich so etwas wie heute? Wie komme ich auf so eine bescheuerte Idee, 130 Kilometer alleine durch Nordrhein-Westfalen zu laufen? Durch die ganze Nacht hindurch. In unserem heutzutage recht gefahrlosen und geordneten Leben sucht der Mensch vielleicht doch Abenteuer. Jeder auf seine Weise. Die einen klettern auf Berge, andere stürzen sich an Gummiseilen hängend von hohen Brücken oder Türmen. Und ich laufe eben 130 Kilometer allein durch die Gegend. Jeder Mensch hat Grenzen, die er sich selbst setzt oder vor deren Überschreitung er sich fürchtet. Das Überschreiten dieser Grenzen hat dann allerdings trotz Angst oder eines gewissen Respekts seinen Reiz. Und bei mir kann man diese Grenzen sogar konkret in Kilometern abstecken. Vor einigen Jahren lag meine Grenze bei 21 Kilometern. Ein Halbmarathon war der längste Lauf, den ich mir zutraute. Recht schnell folgte dann schon ein Marathon. Die Grenze war für ein paar Jahre auf 42,195 Kilometer verschoben. Auch das reichte dann irgendwann nicht mehr und der erste Ultramarathon über 50 Kilometer ließ nicht lange auf sich warten. Und dann ging das so weiter. Irgendwann suchte ich mir Veranstaltungen, die noch etwas länger waren. Dann folgte der erste Hunderter. Und heute bin ich dabei, meine Grenze auf 130 Kilometer zu verschieben. Wer weiß, wo ich sie in der nächsten Zeit noch hinschiebe? Aber die 130 Kilometer wollen heute erst einmal gelaufen werden.

So laufe ich über mich selbst grübelnd weiter in Richtung Unna, das ich gegen 23:00 Uhr erreiche. Es ist inzwischen fast dunkel und ich muss nun gut aufpassen, dass ich die rot-weißen Schilder nicht übersehe. Schließlich komme ich am Unnaer Bahnhof an. Hier entdecke ich leider keine Radweg-Schilder mehr und entschließe mich dazu, einfach mal in Richtung City weiterzulaufen.

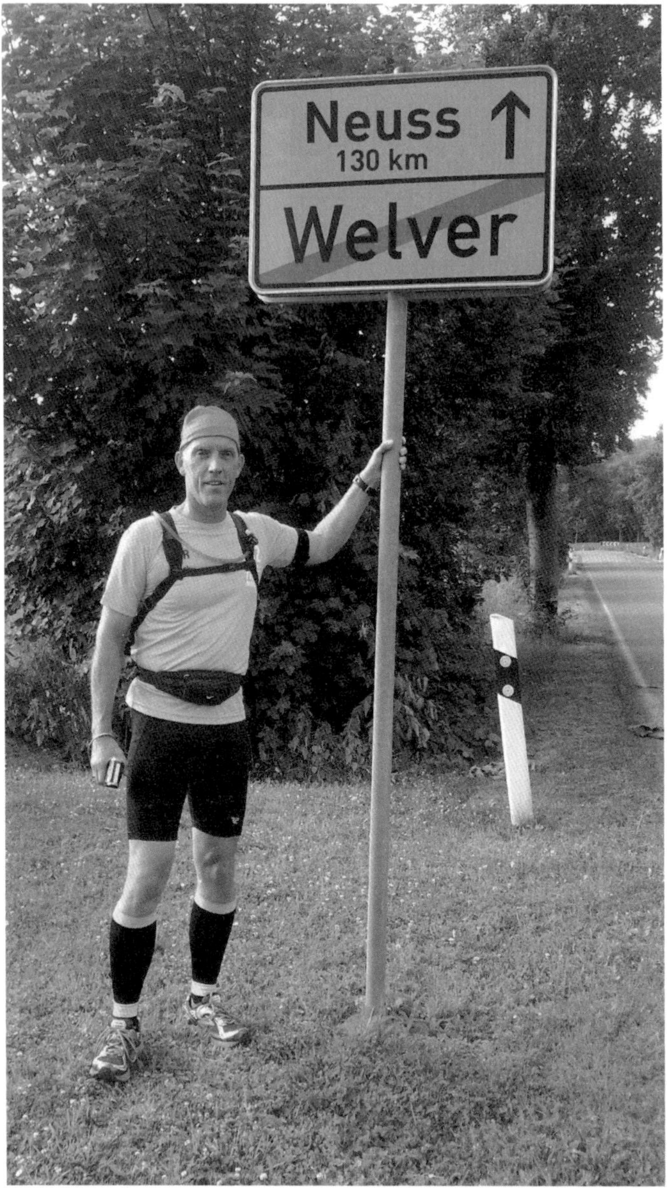
Neuss
130 km
Welver

Nach ein paar hundert Metern durch die Fußgängerzone gelange ich zum Marktplatz. Hier herrscht noch reges Treiben, denn schließlich haben wir Freitagabend. Überall genießen Menschen den lauen Abend und sitzen bei einem Bierchen oder einem Gläschen Wein vor Kneipen oder vor Gaststätten. Lautes Lachen und Grölen kann ich von überall vernehmen und ich mache mir erneut Gedanken darüber, warum ich hier heute zu dieser Uhrzeit laufend unterwegs bin. Die Antwort darauf fällt mir allerdings sehr leicht: Ich bin Läufer. Laufen ist für Marion und mich eine Lebenseinstellung und nicht nur Sport. Dazu gehört eine gesunde Lebensführung inklusive gesunder Ernährung. Während andere Menschen ihr Wochenende am Freitag- oder Samstagabend in Kneipen oder Discotheken ausleben, genießen wir es, Sonntagmorgens früh aufzustehen und an irgendwelchen Laufveranstaltungen teilzunehmen. Oder ich verbringe mein Wochenende eben damit, mich allein laufend quer durch Nordrhein-Westfalen zu bewegen. Jeder Mensch muss seinen Weg gehen. Oder eben laufen. Irgendjemandem, der da vorne vor einer Kneipe sitzt, brauche ich das wohl nicht zu versuchen zu erklären. Das muss ich zum Glück aber auch nicht. Der ein oder andere schaut etwas irritiert hinter mir her. Und schon bin ich weiter.

Ein paar hundert Meter hinter dem Marktplatz bleibe ich an einer Straßenkreuzung stehen, denn mir wird gerade klar, dass ich seit dem Bahnhof kein Schild mehr gesehen habe. Ich bin einfach grübelnd vor mich hingelaufen und habe nicht mehr nach Schildern gesucht. Die Lösung habe ich aber zum Glück bei mir. Unter einer Straßenlampe schnalle ich mir nun meine Armtasche ab und hole meine 33 ausgedruckten Streckenkarten heraus. Dabei bekomme ich einen Schreck, denn beim Herausziehen fläddern sie total auseinander. Sie sind von meinem Schweiß komplett durchweicht. Sie kleben aufeinander, die Farben sind verschwommen und haben sich teilweise aufgelöst. Auf jeden Fall ist darauf nichts mehr zu erkennen. Meine Handyarmtasche scheint wohl doch nicht wirklich wasserdicht zu sein. Schweißdicht ist sie auf jeden Fall nicht.

Jetzt weiß ich nicht so richtig weiter. Soweit ich mich erinnere, muss ich irgendwie zu der S-Bahn-Linie, die von Unna aus nach Dortmund führt. Neben ihr verläuft der Radweg, über den ich fast bis zur Dortmunder Innenstadt laufen will. Aber wie komme ich zu dieser S-Bahn? Keine Ahnung. Rotweiße Schilder stehen hier nicht. Noch nicht einmal normale Richtungsschilder für den Straßenverkehr. Da wir inzwischen gleich Mitternacht haben, kann ich mich auch nicht nach der Sonne richten, um wenigstens die ungefähre Richtung nach Westen einzuschlagen.

Nach ein paar Minuten entschließe ich mich einfach dazu, in eine gefühlt richtige Richtung weiterzulaufen, und gelange nach einem Kilometer an eine Unterführung einer Autobahn. Das müsste die A1 sein. Und dann wäre zumindest die Himmelsrichtung in Ordnung.

So laufe ich unsicher weiter und versuche dabei, die ungefähre Richtung beizubehalten. Dabei denke ich nun an Arno, der am Ende des gesuchten Radwegs neben der Bahnlinie bereits mit seinem Verpflegungsstand auf mich wartet. Leider habe ich seine Handynummer nicht gespeichert und kann ihm nicht Bescheid geben, dass ich noch etwas Zeit benötige. Auf den Gedanken, einfach Marion anzurufen, die ja zu Arnos Verpflegungspunkt kommen wollte, komme ich nicht. Die ersten fünf Stunden Lauferei haben wohl schon bei mir die ersten Ausfallerscheinungen verursacht.

Ich trabe weiter Kilometer für Kilometer durch die Nacht und plötzlich stehe ich nach einer Straßenbiegung vor dem S-Bahnhof von Dortmund-Wickede. Unglaublich. Genau hier wollte ich hin. Ich habe keine Ahnung, wie ich hierhergekommen bin, aber das ist mir jetzt egal. Ich bin wieder auf meinem Weg. Hurra!

Den gesuchten Radweg finde ich schnell und jetzt laufe ich wieder mit einem guten Gefühl weiter. Immer an der Bahn entlang.

Zwischen den nun folgenden Dortmunder Vororten, die alle einen hell erleuchteten S-Bahnhof haben, liegen sehr dunkle Abschnitte. Eine Wegbeleuchtung ist hier nur teilweise vorhanden und ich freue mich darüber, dass der Weg recht glatt asphaltiert ist. Etwaige Hindernisse auf dem Boden könnte ich nicht sehen. Außerdem ist es hier nach Mitternacht sehr einsam und mir ist etwas mulmig zumute.

Auf einem recht dunklen Abschnitt höre ich plötzlich laute Stimmen von irgendwoher, die ich nicht zuordnen kann. Dazu lautes Hundegebell, das immer näher zu kommen scheint. Mein S-Bahn-Weg überquert schließlich eine Bahnunterführung und ich kann im Dämmerlicht von oben eine Gruppe von Jugendlichen sehen. Sie sind laut, werfen Bierflaschen herum und haben mehrere große Hunde bei sich, die sich gegenseitig anbellen. Als ich an ihnen vorbeilaufe, schauen sie mich kurz verwundert an. Die Hunde ziehen an ihren Leinen. Irgendwer schreit etwas hinter mir her und ich bekomme plötzlich Angst. Ich bin auf meinem Weg ganz allein und selbst, wenn ich laut um Hilfe rufen würde, könnte mich niemand hören.

Das einzige, das mir nun einfällt, ist ein Zwischenspurt. Ich bin nun schon seit fünfeinhalb Stunden unterwegs und gebe jetzt trotzdem Gas, um möglichst schnell möglichst viel

Abstand zu den Jugendlichen zu bekommen. Dabei drehe ich mich alle paar Sekunden um und schaue nach hinten, ob ich verfolgt werde. Für einen halben Kilometer halte ich das Sprinttempo aus, dann bin ich total außer Atem und muss wieder langsamer weiter traben. Ich wundere mich darüber, dass ich mein Tempo überhaupt für ein paar hundert Meter so erhöhen konnte. Da hat wohl ein Adrenalinschub mitgeholfen, den die Jugendlichen bei mir ausgelöst haben.

Auf den folgenden Kilometern habe ich Visionen von einem vor kurzem im Sonntagabendprogramm gelaufenen Rostocker »Polizeiruf 110«, in dem die Kommissarin beim Joggen mit Musik in den Ohren von einer vermummten Läuferin von hinten ein Messer in die Seite gerammt bekommt. Diese Szene ging mir damals schon nicht mehr aus dem Kopf, auch wenn ich nie selbst mit Musik laufe. Ich möchte meine Umgebung immer wahrnehmen. Das gehört für mich zum Laufen dazu. Das akustische Aufnehmen der Natur um mich herum. Wind, Vogelgezwitscher, Insektensummen, Blätterrascheln und vieles mehr. Das genieße ich sehr.

Die jetzt aufgekommenen Gedanken an den »Polizeiruf« bewirken, dass ich mich nun weiterhin alle paar Augenblicke umdrehe und schaue, ob sich nicht eine vermummte, bewaffnete Gestalt von hinten nähert. Ob ich nochmal weglaufen könnte, weiß ich nicht, denn ich schnaufe immer noch von dem vorherigen Zwischensprint. Zum Glück brauche ich das aber auch nicht.

In Dortmund-Asseln laufe ich durch eine Wohnsiedlung und gelange an ein T-Stück. Hier sind wieder keine rotweißen Schilder zu sehen. Meine Karten sind nicht mehr zu gebrauchen. Links oder rechts? Ich weiß nicht weiter. Ich laufe unter der S-Bahn her nach rechts und suche Schilder.

Es ist nichts zu finden. Ich laufe wieder zurück und in die andere Richtung. Hier ist ebenfalls kein Wegweiser zu entdecken. Ich bin nun etwas ratlos.

Da entdecke ich plötzlich zwei Jugendliche, die Arm in Arm unter der S-Bahn-Brücke herkommen. Ich laufe auf sie zu und stelle verwundert fest, dass sie schneller werden und versuchen, vor mir wegzulaufen. Ich rufe hinter ihnen her, dass ich nur ihre Hilfe brauche, und schaffe es, sie einzuholen. Etwas ängstlich schauen sie mich an und mir wird klar, dass sie gerade das gleiche im Kopf haben wie ich vorhin. Sie haben Angst vor mir. Wer soll auch annehmen, dass sich in dieser dunklen Ecke und nach Mitternacht nur ein harmloser Laufsportler nach dem Weg erkundigen will. Und dann auch noch nach dem Weg zum Dortmunder Hauptfriedhof, in dessen Nähe Arno und Marion auf mich warten.

Ich erkläre ihnen, was ich gerade mache und wohin ich will, bin mir aber nicht sicher, ob sie mir das wirklich abnehmen. Auf jeden Fall erklären sie mir den Weg zum Friedhof. Nachdem ich mich herzlich bedanke, trabe ich nun weiter. Die beiden haben auf jeden Fall morgen früh was zu erzählen.

Nach kurzem Suchen finde ich den Radweg wieder und trabe nun weiter durch die Dunkelheit. Nach ein paar Minuten entdecke ich plötzlich in der Schwärze der Nacht vor mir zwei helle Punkte. Eine Stirnlampe und eine Taschenlampe. Da kommt mir tatsächlich um diese verrückte Uhrzeit ein anderer Läufer entgegen. Das gibt es doch nicht.

Als wir nur noch wenige Meter voneinander entfernt sind, ruft er mir zu, dass er schon seit anderthalb Stunden auf mich wartet. Es ist Arno, der sich schon Sorgen um mich gemacht hat und der mir entgegen gelaufen ist, um mich zu suchen.

Wir begrüßen uns herzlich und Arno führt mich nun die letzten Kilometer bis zum Eingang des Hauptfriedhofs. Ich berichte ihm von meinen Erlebnissen in dieser Nacht, da höre ich auf einmal von vorne laute Popmusik. Viel Zeit zum darüber wundern bleibt mir nicht, denn plötzlich steht Michael Myers vor mir. Der aus John Carpenters Horrorfilm »Halloween«. Er steht in seiner weißen Halloween-Maske vor mir und macht: »Buh!«

Ich bekomme einen großen Schreck, denn wir sind nun endlich am Hauptfriedhof angekommen. Irgendwelche Scheinwerfer blenden mich. Trotzdem entdecke ich hinter Michael Myers Marion, die sich über mein erschrockenes Gesicht kaputt lacht. Michael Myers lüftet die Maske und dahinter erscheint unsere Lauffreundin Kordula, die Arno bei seinem nächtlichen Verpflegungsvorhaben unterstützen will.

Ich freue mich darüber, dass ich den Verpflegungspunkt endlich gefunden habe. Es ist nach 1:00 Uhr und ich hatte schon ein schlechtes Gewissen, weil die drei hier so lange am Eingang des Friedhofs auf mich warten mussten. Aber sie sind trotz der späten Stunde gut gelaunt und begrüßen mich fröhlich.

Sie präsentieren mir auf einem Tischchen einen richtig gut bestückten Verpflegungsstand mit Erdbeeren, Trauben, Gurken, Bananen, Weingummi und allen möglichen Getränken. Es verschlägt mir die Sprache darüber, wie viel Mühe sich Kordula und Arno gemacht haben. Sogar ein ma2ma-Schild haben sie angebracht. Und ich bekomme eine Weingummi-Medaille für Notfälle.

Hier verbringe ich nun erst einmal einige Zeit. Während ich mich stärke und mir trockene Kleidung anziehe, berichte ich von meinen bisherigen Erlebnissen. Marion erzählt, dass sie trotz Navi ebenfalls Probleme hatte, den Eingang des Friedhofs zu finden. Wahrscheinlich hat Doris auch Angst im Dunkeln und hat sich einfach geweigert, Marion zum Hauptfriedhof zu leiten.

Trotz der trockenen Kleidung beginne ich nun zu frieren und ich entschließe mich dazu, doch recht zügig weiterzulaufen. Da ich auch die folgenden Kilometer nicht zu 100 Prozent kenne, entschließt sich Arno, das nächste Stück mit mir zusammen zu laufen. So verabschiede ich mich von Kordula, die nun wieder nach Hause fährt. Marion wird bis nach Dortmund-Hombruch weiterfahren und dort an einer Tankstelle auf mich warten.

Um 1:30 Uhr laufen wir los, nachdem Arno seine Laufkleidung angelegt hat, die er für den Fall der Fälle immer im Kofferraum deponiert hat. Er bringt mich nun durch Teile der Dortmunder Innenstadt, in denen ich vorher noch nie war. Auch hier hätte ich nach dem Weg suchen müssen und ich bin froh darüber, dass ich mich jetzt Arnos Ortskenntnissen anvertrauen kann.

Nach einiger Zeit kommen wir an die B1, die hier in Dortmund vierspurig ausgebaut ist. Wir laufen ein längeres Stück auf einem Fußweg an der B1 entlang und machen uns Gedanken darüber, was die Autofahrer wohl über uns denken. »Da laufen zwei bunte Vögel nachts um 2:00 Uhr an einer autobahnähnlichen Straße entlang. Voll die Spinner…«

Wir unterqueren die B1 durch einen unheimlichen Tunnel und gelangen dann zur Westfalenhalle und zum Westfalenstadion, der Heimat des BVBs. Ich kenne die Straße vor dem Stadion hier, wenn 80.000 Fußballfans in das Stadion hineinströmen oder nach dem Spiel wieder herauskommen. Jetzt mitten in der Nacht ist es auch hier irgendwie unheimlich und einsam.

Nach ein paar hundert Metern verabschiedet sich Arno von mir. Er möchte nun zurück, denn er muss ja noch wieder zu seinem Auto laufen, das am Hauptfriedhof auf ihn wartet. Ich bedanke mich bei ihm für seine Lotsenhilfe und trabe nun allein weiter in Richtung Hombruch, wo Marion an der Tankstelle auf mich wartet.

Hier angekommen muss ich unser Auto erst länger suchen. Schließlich finde ich es in der verstecktesten Ecke hinter der Tankstelle. Marion liegt auf dem zurückgeklappten Fahrersitz und schläft. Kurz ärgere ich mich darüber, dass ich jetzt nicht Kordulas Halloween-Maske dabei habe, entschließe mich dann aber doch für eine sanftere Methode, Marion zu wecken.

Ich klopfe leise an die Autoscheibe und Marion zuckt hoch. Nach dem ersten Schreck ist sie aber richtig froh, mich zu sehen. Während ich mich erneut stärke, erzählt sie von lauten, betrunkenen Gestalten, die vorhin auf der Tankstelle rumrandaliert und ebenfalls Flaschen herumgeworfen haben. Ich beginne mir nun Sorgen darüber zu machen, dass Marion ja auch immer an den Treffpunkten allein auf mich warten muss. Hoffentlich geht das gut.

Da ich mich ja nicht mehr auf meine Karten verlassen kann, weil sie nur noch aus Papiermatsch bestehen, besprechen wir nun eine neue Methode, nach der wir uns weiter in Richtung Neuss bewegen wollen. Ich merke mir auf Marions noch trockenem Kartensatz den Weg für die nächsten drei bis vier Kilometer, Marion lässt mich etwas vorlaufen und fährt dann weiter an mir vorbei bis zum nächsten Treffpunkt. So sind wir beide nie weit auseinander und haben weitgehend Sichtkontakt.

Auf diese Weise gelangen wir bis nach Witten, wo ich eigentlich auf der ehemaligen Bahntrasse »Rheinischer

Esel« weiterlaufen will. Da aber eher ich der Esel bin und die Bahntrasse in der Dunkelheit nicht zu finden ist, arbeiten wir uns nun irgendwie einfach durch Witten durch. Marion tuckelt zeitweise im ersten Gang neben mir her, da wir auch nicht mehr wissen, wo wir uns auf unseren Karten befinden.

Nach einigen Kilometern gelangen wir endlich an die Ruhr und finden uns ab jetzt zum Glück auch auf den Karten wieder. Da ich jetzt erst einmal nur an der Ruhr entlang laufen muss, kann ich mich nicht mehr so schnell verlaufen. Daher verabreden wir den nächsten Treffpunkt am Haus Kemnade, einem alten Wasserschloss am Kemnader Stausee. Marion fährt nun vor und versucht wieder etwas zu schlafen.

Ich trabe weiter an der Ruhr entlang und genieße das erste Vogelgezwitscher. Es dämmert langsam und die Nacht neigt sich ihrem Ende zu. Dabei denke ich an das nächste Jahr, wenn ich während der TorTour de Ruhr ebenfalls hier an dieser Stelle vorbeilaufen werde. Dann werde ich meine Grenzen wieder ein Stück weiter verschieben. Aber das ist bis dahin noch ein weiter Weg.

Als ich am Kemnader See ankomme, ist es schon einigermaßen hell. Von dem Trubel, der hier normalerweise herrscht, ist zu dieser frühen Stunde noch nichts zu bemerken. Keine Boote sind zu sehen, keine Spaziergänger oder Jogger, keine Touristen. Noch nicht mal Angler sind zu entdecken. Nur ein einsamer Nachtläufer, der müde am Ufer entlang trabt und der auf dem Weg zum nächsten Verpflegungsstopp am Haus Kemnade ist.

Als ich dort ankomme, finde ich Marion schlafend im Auto vor. Ich nutze die Gelegenheit und verschwinde mal kurz unbemerkt im Gebüsch. Leider habe ich nicht mehr genug Kraft in den Oberschenkeln, um mich freihändig in Hockstellung zu halten. Und Straßenbegrenzungspfosten gibt es hier auch keine, an denen ich mich festhalten könnte. Daher muss nun ein kleines Bäumchen herhalten. Es biegt sich unter meinem Gewicht, während ich mich daran festhalte. Dabei stöhne ich laut herum, weil ich in dieser Position starke Schmerzen in den Oberschenkeln habe.

Der ältere Herr, der schon um diese Zeit seinen kleinen Dackel hier am See Gassi führt und der wohl schon längere Zeit hinter mir stand, geht kopfschüttelnd und vor sich hin murmelnd an mir vorbei. Mist. Den habe ich wohl übersehen.

Nach der Baumbiegepause muss ich Marion nun leider doch wecken, damit ich ins Auto komme. Ich klemme meinen Garmin ans Ladekabel und stärke mich mit Weingummi und Cola. Für 15 Minuten mache ich nun meine Augen zu und genieße es, einfach mal kurz zu sitzen. Das tut gut.

Als ich aus dem Auto aussteige, beginne ich sofort zu frieren. Ich möchte weiter und mich wieder warm laufen. Der fehlende Schlaf und die inzwischen vielen Kilometer machen sich langsam in meiner Gesamtverfassung bemerkbar. Aber Marion sieht auch nicht besser aus. Das wenige Minuten lange Dösen auf dem Fahrersitz ist nicht wirklich Ersatz für eine vernünftig durchgeschlafene Nacht.

Ich schaue mir auf Marions Karten den Weg bis nach Langenberg an und merke mir die Abzweige. Dann laufe ich fröstelnd los, während Marion noch so gut es geht versucht, ein paar Minuten zu schlafen.

Die folgenden Kilometer bestehen fast nur aus langen, geraden Stücken, die stetig bergauf führen. Hier beginnt das Bergische Land und das macht seinem Namen alle Ehre. Es ist zwar nun richtig hell, aber ich merke die Müdigkeit und die gelaufenen Kilometer in meinen Beinen.

Langenberg kenne ich eigentlich nur durch seinen Sendemasten. Von hier aus bekamen wir früher unser erstes Fernsehprogramm, als man noch auf das Hausdach klettern und analoge, terrestrische Antennen nach den Sendemasten ausrichten musste. Das zweite und dritte Programm bekamen wir damals vom Florian, dem Dortmunder Fernsehturm. Mit nur drei Fernsehprogrammen bin ich groß geworden. Diese Zeiten sind zum Glück längst vorbei. Obwohl die 24-stündige Bestrahlung mit zig TV-Sendern die Programmqualität auch nicht wirklich besser gemacht hat.

Nach einer kilometerlangen Kletterei kann ich den rund 300 Meter hohen Sendemast in der Ferne entdecken. Marion steht inzwischen immer wieder am Streckenrand und wartet auf mich. Weingummi und Cola ist mittlerweile meine Hauptversorgung geworden. Hier und da nehme ich mal ein paar Salzstangen, aber in erster Linie brauche ich jetzt leicht verdauliche Energie.

So langsam fahren auch wieder mehr Autos über die Landstraßen, auf denen ich mich nun bewege. Oft jagen sie mit hoher Geschwindigkeit nur wenige Zentimeter an mir vorbei und ich weiche auf den Grünstreifen am Straßenrand aus, wenn es geht. Das empfinde ich als ganz schön gefährlich und ich wundere mich darüber, dass die rotweißen Schilder, die ich immer wieder entdecke, diese Strecke als wenig befahrene Radstrecke ausweisen.

Als ich in Langenberg ankomme, stelle ich auf meinem Garmin fest, dass ich nun zwei Marathons in den Beinen habe. 84 Kilometer sind gelaufen. Und mindestens einer kommt noch.

Kurz vor Langenberg verpflege ich mich nochmal bei Marion und dann laufe ich in den Ort hinein. Die Strecke, die ich mir versucht habe zu merken, habe ich recht schnell verloren und ich irre durch die schöne, aber sehr verwinkelte Innenstadt. Unsere Methode der Navigation kommt hier nun an ihre Grenzen. Ich bin inzwischen nicht mehr in der Lage, mir auf Marions Karten mehr als zwei oder drei Straßennamen zu merken. Oft fehlen die rotweißen Schilder. Manchmal sind sie auch einfach nur verdreht. Dann hat sich irgendein Witzbold einen Scherz erlaubt, der einen Radfahrer nicht so sehr frustet. Aber ein Läufer, der schon so viele Kilometer hinter sich hat, ärgert sich über jeden zu viel gelaufenen Meter.

Dazu kommt, dass die Realität oft ganz anders aussieht, als wir nach den Karten vermuten. Kreuzungen wirken in echt anders und Abzweige sind manchmal viel kleiner und unauffälliger als gedacht. Aber nach etwas Sucherei finde ich aus Langenberg wieder heraus und trabe nun weiter in Richtung Neviges, wo Marion an einer Landstraße schon wieder auf mich wartet.

Unser nächster Treffpunkt ist an einem Kloster in Neviges, das fast komplett nur aus Beton besteht. Ein hässlicher Klotz, an den ich mich aus meiner Bundeswehrzeit erinnere. Hier haben wir damals auf einem großen Parkplatz unterhalb des Klosters unsere sogenannten Nato-Pausen gemacht, wenn wir mit unseren LKWs auf unserer Standardroute zu einem Depot hier in der Nähe unterwegs waren. Das waren noch Zeiten…

Vor dem Beton-Kloster finde ich Marion wieder und nach Studieren der Karten und kurzer Energieversorgung trabe ich weiter. Die nächsten beiden zu laufenden Straßen heißen Wilhelmstraße und Bogenstraße. Sie sehen auf der Karte ganz harmlos aus, aber als ich sie entdecke, stehe ich vor einem unendlich langen Anstieg. Was soll ich machen? Ich muss weiter. Also quäle ich mich die Straße Schritt für

Schritt hinauf, laut schnaufend und hin und wieder auch laut fluchend. Oben wartet Marion wieder auf mich und meine ersten Worte, die ich ihr schon von weitem zurufe, lauten: »Wilhelmstraße scheiße, Bogenstraße scheiße…!« Das muss jetzt einfach mal raus und Marion lacht sich kaputt.

Die nächste Station ist Wülfrath. Danach geht es weiter in Richtung Mettmann und durch das bekannte Neandertal. Hier wurden die Gebeine gefunden, die einem unserer berühmten Vorfahren seinen Namen gegeben haben.

Ich laufe nur ein paar Meter an der Fundstelle vorbei, die heute zu einem schönen Museumsgarten ausgebaut ist, habe aber nicht wirklich einen Blick dafür übrig. Ich mache mir im Gegenteil wirklich Sorgen darüber, dass ich heute einem Neandertaler immer ähnlicher werde. Wenn ich nur annähernd so aussehe, wie ich mich inzwischen fühle, muss ich aufpassen, dass man mich nicht gleich irgendwo in eine Vitrine in dem Museumsgarten steckt und ausstellt.

Zum Glück rollt Marion zurzeit mit ihrem Rad neben mir her. Sie hat das Auto vorgefahren und ist mir mit dem Fahrrad entgegengekommen. Nun begleitet sie mich durch das Neandertal und hält etwaige Archäologen und Museumswärter von mir fern, die mich für ihre Ausstellung einkassieren wollen.

Es geht weiter in Richtung Düsseldorf und ich habe nun langsam das Gefühl, es gleich geschafft zu haben. Neuss liegt auf der anderen Rheinseite kurz hinter Düsseldorf. Aber als wir in der Landeshauptstadt ankommen, stellen wir fest, was wir natürlich eigentlich wissen: Düsseldorf ist eine riesige Stadt.

Ich bin nicht mehr in der Lage, mir nach Ansicht der Karten längere Strecken mit mehreren Abbiegungen zu merken. So muss sich Marion alle paar hundert Meter eine

Parkmöglichkeit am Straßenrand suchen und mich wieder weiterleiten. Oft wirkt die Wirklichkeit auch hier vollkommen anders als auf unseren Karten. Das kann allerdings auch daran liegen, dass ich das Kartenmaterial nicht mehr in die Realität umgesetzt bekomme. Ich bin langsam fertig.

Nachdem wir uns mit vielen Stopps durch das Wirrwarr Düsseldorfs mehr oder weniger gut durchgearbeitet haben, wird die Streckenführung wieder einfacher. Marion tankt meinen Rucksack nochmal richtig auf und fährt nun schon mal vor nach Neuss. Von dort aus will sie mir wieder mit dem Rad entgegenkommen, weil unsere Strecke auf der anderen Rheinseite über Feldwege führt, auf denen sie mich sowieso nicht mit dem Auto begleiten kann.

Ich trabe nun durch den riesengroßen Düsseldorfer Volksgarten und finde hier in regelmäßigen Abständen meine vertrauten rotweißen Schilder. Leider sind auch hier einige verdreht worden. Sie zeigen genau in den Zwischenraum zwischen zwei Wegen und ich muss mich nach meinem Gefühl entscheiden, welchen ich nehme.

Nach einiger Sucherei habe ich auch den Park geschafft und komme an die Fleher Brücke, einer riesigen Autobahn-Rheinbrücke. Wir haben inzwischen bereits Nachmittag, die Sonne brennt mir auf den Kopf und ich bin langsam aber sicher gar. Die schöne Aussicht von der Brücke auf den Rhein und das Wissen, es gleich nun wirklich geschafft zu haben, lassen mich aber langsam weiterlaufen.

Die andere Rheinseite gehört schon zu dem Bereich, in dem Marion sich mit dem Rad oder laufend bewegt hat, als sie damals noch bei ihren Eltern wohnte. Sie kennt sich hier gut aus und hat mir vorhin genau erklärt, wie ich laufen soll, wenn ich drüben ankomme. Hinter der Brücke rechts, dann an der Kreuzung geradeaus, am Ende links… oder so ähnlich. Leider kann ich mich nicht mehr genau daran erinnern, was sie mir gesagt hat. Und die Ortsnamen auf den rotweißen Schildern sagen mir nichts.

So entscheide ich mich wieder nach meinem Gefühl für die richtige Richtung und laufe einfach langsam vor mich hin. Die Landschaft ist hier genauso ländlich wie bei uns zu Hause und ich freue mich darüber, dass ich die große Stadt Düsseldorf hinter mir habe, dass ich überhaupt bis hierher durchgehalten habe und dass ich gleich angekommen bin. Gleich ist es geschafft.

An jedem Abzweig entscheide ich mich einfach für eine Richtung, da mir bekannte Ortsnamen auf den Schildern immer noch nicht auftauchen. Nach einer Stunde wundere ich mich allerdings darüber, dass Marion mir immer noch nicht entgegenkommt. Beim Weiterlaufen entdecke ich plötzlich ein

Schild mit dem Hinweis »Flehe 3 km«. Flehe liegt auf der anderen Rheinseite. Da bin ich vorhin durchgelaufen. Um dahin zu kommen, muss man über die anderthalb Kilometer lange Rheinbrücke. Ich bin schon vor einer Stunde über diese Brücke rüber gelaufen. Die andere Rheinseite kann doch von hier nicht nur drei Kilometer weit entfernt sein. Wie soll das gehen?

Als ich weiterlaufe, kann ich plötzlich die Brücke sehen. Ich bin wieder an der Brückenabfahrt und anscheinend seit mehr als einer Stunde in einem großen Kreis gelaufen, ohne es zu merken. Auweia. Das auch noch.

Ich fluche laut vor mich hin. Aber dann muss ich darüber lachen, dass ich anscheinend mittlerweile weder in der Lage bin, mir Strecken zu merken, noch kann ich mich sonst wie orientieren. Ich schnalle mein Handy vom Oberarm und rufe Marion an. Sie sucht schon seit einiger Zeit auf dem richtigen Weg herum und wundert sich darüber, dass ich nirgendwo zu finden bin. Ich erkläre Marion, wo ich mich ungefähr rumtreibe, also eigentlich fast an der Brücke, und sie beschreibt mir nun den richtigen Weg.

Nach ein paar Minuten hat Marion mich aber dann endlich gefunden und wir bewegen uns nun durch Uedesheim in Richtung Neuss. Ein wenig Frust wegen meiner Blödheit habe ich noch in mir und ich versuche nun, diesen Frust in Geschwindigkeit zu verwandeln. Das hält aber nur wenige Minuten an, dann ist der Frust als Energie-Ressource schon wieder verbraucht.

Marion bleibt nun bei mir und fährt mit dem Rad neben mir her. Sie kann ungefähr abschätzen, dass ich mich um rund sieben Kilometer verlaufen habe. Die kommen jetzt noch oben drauf. Egal. Ich laufe weiter. Wenn ich auch schon nicht mehr richtig denken kann, laufen kann ich noch. Wenn auch langsam.

Als wir uns dann endlich Neuss-Hoisten nähern, fährt Marion die letzten paar hundert Meter bis zu ihren Eltern vor. Ich trabe hinterher und nach der letzten Biegung sehe ich Marions Elternhaus. Ich kann es nicht glauben. Ich habe es tatsächlich durchgehalten.

Marions Eltern und ihre Tante Bärbel stehen mit ihr vor dem Haus und halten ein Zielband aus einer abgewickelten Rolle Klopapier quer über die Straße. Ich laufe mit hochgerissenen Armen hindurch und habe es jetzt tatsächlich geschafft. Der ma2ma ist gelaufen.

Marion gratuliert mir. Petra und Norbert, Marions Eltern, und Tante Bärbel auch. Marion hängt mir eine Medaille um und Marions Mutter überreicht mir einen Pokal in Form eines Oscars. Ich bin überwältigt von meinen Gefühlen und kann es noch nicht glauben. Ich bin wirklich von Welver nach Neuss gelaufen. Zu Fuß. Quer durch Nordrhein-Westfalen.

Unerwartet hat Marion plötzlich eine kleine Sektflasche in der Hand und schüttelt sie. Wie bei der Formel Eins bekomme ich eine Sektdusche ins Gesicht, wenn auch nur aus einem Piccolo. Den Rest trinke ich direkt aus der Flasche und dann setze ich mich einfach mal hin. Ich bin da. Hurra!

Ein Blick auf meinen Garmin zeigt mir 137,2 gelaufene Kilometer. Meine bisher längste gelaufene Strecke, inklusive der verlaufenen Ehrenrunde. Gut 23 Stunden habe ich mit Pausen dafür gebraucht. Ich bin echt stolz darauf, dass ich es geschafft habe. Und meine Grenzen sind wieder etwas verschoben.

Nach einer Dusche, einem Abendessen und vielem Erzählen fahren wir dann abends mit dem Auto nach Hause. Ich kann mich kaum wachhalten. Mir fallen einfach die Augen zu. Seit knapp 40 Stunden bin ich nun auf. Davon bin ich 23 Stunden gelaufen. Nichts geht mehr.

Wie Marion es geschafft hat, uns heile nach Hause zu bringen, weiß ich nicht. Bis auf die kurzen Schlafpäuschen im Auto hat sie ebenfalls die Nacht durchgemacht und mir ist es ein Rätsel, wie sie noch Auto fahren kann. Wahrscheinlich hat Doris auf dem größten Teil der Strecke die Fahrzeugführung übernommen.

Die Strecke zwischen Welver und Neuss hat seit heute eine neue Bedeutung für mich bekommen. Und ich kann dem Sprichwort nur zustimmen. »Nur wo Du zu Fuß warst, bist Du wirklich gewesen!«

Marathonis, rührt euch!

Es ist ein früher Samstagmorgen Mitte März. Ich bin mit unserem Lauffreund Günter unterwegs zu den York-Barracks in Münster. Marion ist nicht dabei. Sie bereitet sich zurzeit auf einen Marathon vor und hat heute eine kurze, schnelle Einheit auf dem Plan. Aus diesem Grund nimmt sie heute an einem 10er Wettkampf teil.

Wir fahren daher ohne sie zum Münsteraner 6-h-Lauf, der inzwischen zum sechsten Mal ausgetragen wird. Fünfmal hier in Münster und einmal als besondere Trail-Ausgabe in einem Waldgebiet im Emsland in Meppen.

Der Veranstalter Christian ist selbst Soldat und hat gute Beziehungen zu den bundeswehreigenen Münsteraner Lokalitäten. So schaffte er es bis jetzt, jeden 6-h-Lauf in jeweils einer anderen Kaserne durchzuführen, von denen es hier in Münster jede Menge gibt. Darunter sind welche, die noch in Betrieb sind. Welche, die bereits stillgelegt wurden. Und welche, die eine neue Aufgabe bekommen haben. Das macht gerade den Reiz an Christians 6-h-Läufen aus. Die Kasernengelände sind überall militärisches Sperrgebiet und man bekommt ja eigentlich als Zivilist nicht so einfach die Möglichkeit, ein solches Areal zu betreten. Bei so einer Laufveranstaltung auf militärischem Gelände ist das dagegen anders. Christian hat es geschafft, dass wir Laufsportler für sechs Stunden das Gelände innerhalb der Kasernen nutzen dürfen. Und heute eben in den York-Barracks, einer inzwischen stillgelegten und geräumten, britischen Kaserne in Münster-Gremmendorf.

Im Jahr 2010 stand bei Christian der 100. Marathon an und er wollte ihn an einem besonderen Ort laufen. Daher kam er auf die Idee, selbst einen Lauf zu veranstalten. Er entschied sich für einen 6-h-Lauf und für ihn als Soldat war es das einfachste, diesen in einer Kaserne zu veranstalten. So kam es zur Premiere des Münsteraner 6-h-Laufs, damals noch mit weniger als 50 Teilnehmern.

Inzwischen ist es die fünfte Veranstaltung in Münster und die Teilnehmerzahl hat sich stark verändert. Mehr als 200 Läuferinnen und Läufer wollen heute mitlaufen und als wir nun an den York-Barracks ankommen, sehen wir den Unterschied zur damaligen Premiere direkt vor Augen. Vor der Wache der Kaserne steht eine lange Autoschlange. Obwohl die Kaserne inzwischen stillgelegt ist, handelt es sich immer noch um militärisches Gebiet. Am Eingang werden von einem Wachmann alle Autokennzeichen kontrolliert und jeder Besucher muss seine Ausweispapiere vorzeigen. Da dieser Vorgang gewissenhaft durchgeführt wird, dauert das Ganze nun mal seine Zeit. Aber so nach und nach darf ein PKW nach dem anderen in die Kaserne einfahren.

Nach längerem Warten sind wir dann an der Reihe, zeigen brav unsere Papiere und dürfen ebenfalls hineinfahren. Ein paar hundert Meter weiter stellen wir unser Auto auf einer riesigen, freien Fläche ab. Das war bestimmt mal der Exerzierplatz der Kaserne, aber heute marschieren hier keine Kompanien auf. Es parken hier nur ganz viele zivile Läuferautos.

Auf dem Weg zur Startnummernausgabe unterhalten wir uns darüber, ob der 6-h-Lauf nicht langsam einfach zu groß wird. Bei weit mehr als 200 Startern geht vielleicht das Familiäre der ersten Veranstaltungen etwas verloren. Als wir dann aber ein paar Augenblicke später alle möglichen guten

Lauffreunde treffen und uns herzlich begrüßen, wird mir klar, dass das Familiäre nicht verloren gegangen ist. Nein. Die Familie ist einfach nur viel größer geworden.

An der Startnummernausgabe im Offiziersheim angekommen entdecken wir noch viele weitere Bekannte und mir wird mittlerweile deutlich, dass ich heute aufpassen muss, dass ich gleich vor lauter Quatschen das Laufen nicht vergesse.

Wir erhalten unsere Startnummern und dazu bekommt jeder ein Päckchen »Feuchtes Toilettenpapier«. Ich staune und überlege, ob es bei der Bundeswehr inzwischen üblich ist, gerade in dieser Hinsicht besonderen Wert auf Hygiene zu legen. Mein eigener Grundwehrdienst ist ungefähr 25 Jahre her und ich kann mich nicht erinnern, dass Klopapier damals eine so herausragende Rolle gespielt hat.

Unser Lauffreund Roland hat sich mittlerweile zu uns gesellt und wir schlendern nun mit Nummern und Klopapier versehen zurück zu unseren Autos. Dort machen wir uns jetzt lauffertig, was nicht nur bedeutet, dass wir unsere Funktionskleidung anziehen und unsere Laufschuhe schnüren. Dazu gehört heutzutage ebenso eine ganze Batterie von elektronischen Geräten. Modernste GPS-Geräte inklusive Pulsmessung am Handgelenk, das Smartphone mit Facebook-Liveübertragung am Oberarm und Fotoapparate oder Videokameras in der Hand oder am Gürtel. Ein Großteil dieser Geräte gehört heute auch zu meiner Ausrüstung und so kontrolliere ich alles, was ich dabei habe. Sind alle Akkus geladen? Habe ich genug Satelliten? Ist der Chip in meiner Kamera frisch formatiert?

Nachdem ich im Kopf meine persönliche Checkliste durchgehe und alle Punkte mit einem »Check!« abhake, bin ich startfertig. Es kann losgehen.

Roland und Günter melden ebenfalls startklar. Wir marschieren wieder zum Offiziersheim, aber nach 20 Metern kehre ich nochmal um und trabe zurück zum Auto. Vor lauter elektronischen »Checks« habe ich vergessen, mir eine ordentliche Portion Melkfett an diversen Stellen anzubringen, an denen es in den nächsten sechs Stunden zu Reibung kommen könnte. Das hole ich nun schnell nach. Check!

Wir sind um kurz vor 10:00 Uhr am Start vor dem Offiziersheim und warten darauf, dass es losgeht. Christian begrüßt uns nun offiziell über die Lautsprecheranlage. Er bittet uns, noch einen Augenblick zu warten, denn es sind immer noch nicht alle Teilnehmer in der Kaserne. Der Wachmann am Eingangstor verrichtet seinen Dienst aber auch wirklich sehr gewissenhaft.

Außerdem macht er uns darauf aufmerksam, dass wir bitte ausschließlich die bereitgestellte Dixi-Toilette benutzen sollen. Sämtliche Gebäude in der Kaserne sind nicht mehr an der Wasserversorgung angeschlossen. Das gilt auch oder besser vor allem für die Toiletten, die wir in den Gebäuden vorfinden könnten. Das erklärt nun auch das Päckchen »Feuchte Tücher« bei den Startunterlagen. Das ist der improvisierte Ersatz für die Dusche danach. Außerdem stehen 200 Plastikflaschen mit Leitungswasser für uns bereit, mit denen wir uns nachher frisch machen können. Christian hat an alles gedacht.

Während wir die nächsten Minuten auf den Start warten, nutze ich die Gelegenheit, um zum ersten Mal heute die Dixi-Toilette zu besuchen. Das ist immer wieder ein Erlebnis der besonderen Art.

Mit 15 Minuten Verspätung schickt uns Christian dann endlich auf die Strecke. Die zu laufenden sechs Stunden beginnen. Eine lange Schlange aus bunt gekleideten

6-h-Läufern windet sich über die Wege zwischen den einzelnen Blöcken. Die Runde ist gut 1,7 Kilometer lang und verläuft im Zickzack einmal durch das gesamte Kasernengelände. Ich reihe mich irgendwo ein und laufe erstmal einfach mit dem Strom mit. Schon jetzt laufe ich mal ein paar Meter mit dem einen, dann ein Stück mit der anderen. Und wir beginnen hier schon mit der Quasselei. So werden die sechs Stunden wohl recht kurzweilig.

Nach der ersten Runde kommen wir wieder an dem Offiziersheim an und laufen an Christians selbst gelöteter Rundenzählanlage vorbei. Auf einem großen Schirm werden unsere Runden angezeigt und wir haben so die Möglichkeit, uns immer auf dem aktuellen Stand zu halten. Aber bisher steht überall noch eine »Eins«. Das wird sich in den kommenden Stunden aber schnell ändern.

Günter und Roland sind bereits nach vorne entwichen. Sie laufen viel schneller als ich und suchen nun ihr eigenes Tempo, von dem sie annehmen, dass sie es sechs Stunden lang laufen können. Die meisten machen das so. Jeder hat sein Wohlfühltempo, das er recht locker möglichst lange laufen kann. Man läuft in einem guten Tempo, wenn man sich beim Laufen noch unterhalten kann. Und das ist hier heute besonders wichtig.

Während ich so durch die Kaserne laufe, erinnern mich die rot verblendeten Gebäude an die Kaserne, in der ich damals meinen Grundwehrdienst absolviert habe. Der Baustil in Kasernen ist deutschlandweit wohl immer recht ähnlich. Ich war schon 25 Jahre alt, als ich eingezogen wurde. Als W15er wurde ich Transportsoldat und fuhr fast täglich mit meinem natogrünen LKW durch Norddeutschland und belieferte verschiedene Depots. Da wir immer recht viel beschäftigt waren und viele Fahraufträge erfüllen mussten, hatten wir selten Sport auf unserem Dienstplan. Einmal im Jahr musste aber jeder Soldat an den Soldatensportwettkämpfen teilnehmen. Das waren die Bundesjugendspiele der Bundeswehr. Weitsprung, Kugelstoßen und eine Kurz- und eine Langstrecke standen auf dem Plan.

Ich kann mich noch gut erinnern, wie ich mich damals fühlte, als ich einige Jahre nach meiner Schulzeit mal wieder einen 100-Meter-Lauf machen musste. Die Spritzigkeit, die ich von meiner Schulzeit noch in Erinnerung hatte, war einfach weg und ich fühlte mich auf den 100 Metern eher wie ein Brontosaurus auf der Flucht vor einem T-Rex.

Aber das Peinlichste war der dann folgende 5-Kilometer-Lauf. 12,5 Runden um den Sportplatz unserer Kaserne mussten wir laufen. Und das unter 23 Minuten. Für mich damals ein unmögliches Unterfangen. Ich hatte keine Chance, das ohne Training zu schaffen. Vor allem, weil ich damals noch überhaupt keine Lust aufs Laufen hatte.

Die einzige Möglichkeit den Soldatensportwettkampf zu meistern, bestand darin eine besondere Lösung für mein »5-Kilometer-unter-23-Minuten-Problem« zu finden. Als ich schließlich herausfand, dass der Rundenzähler ein Stubenkamerad von mir war, bot sich die Lösung förmlich an. Was ich für die zwei gemogelten Runden bezahlt habe, behalte ich lieber für mich. Auf jeden Fall habe ich den 5-Kilometer-Lauf unglaublicher Weise unter 23 Minuten geschafft. Und das, ohne überhaupt fünf Kilometer gelaufen zu sein.

Wenn mir damals jemand erzählt hätte, dass ich mal freiwillig sechs oder zwölf Stunden lang im Kreis renne oder dass ich mehr als 100 Kilometer durch die Gegend laufe, auch noch Geld dafür bezahle und dabei sogar Glück und Zufriedenheit empfinde, hätte ich ihn für verrückt erklärt. So ändern sich die Zeiten.

Während ich in Erinnerungen an meine eigene Bundeswehrzeit schwelge, laufe ich weiter und weiter. Stunde um Stunde. Damals war das Längste, das ich zu Fuß bewältigen konnte, ein 25-Kilometer-Marsch. Natürlich mit Gepäck und mit Kampfstiefel. Für diese Distanz brauchten wir einen Tag und danach mussten wir jede Menge wunde Stellen an unseren Füßen versorgen. Vom Muskelkater an den darauffolgenden Tagen ganz zu schweigen.

Heute laufe ich 25 Kilometer in knapp drei Stunden. Und das in einer Marathonvorbereitung gerne mal an jedem Wochenende. Es ist schon echt verrückt, wie sich das Leben entwickelt und sich die Einstellung zu Distanzen ändert. Ich möchte heute in den sechs Stunden gerne so um die 50 Kilometer schaffen. Und das freiwillig.

Alle drei Runden halte ich kurz am Verpflegungszelt an und stärke mich mit Cola, Keksen und Weingummi. Die Verpflegung ist wieder vorbildlich und es wird alles geboten, was das Läuferherz begehrt. Leider vertrage ich beim Laufen nicht alles, was mir im normalen Leben schmeckt. Durch das sehr reichhaltige Angebot kann sich aber jeder das Beste für sich heraussuchen.

Einige Runden später laufe ich einige Zeit mit unserem Lauffreund HaWe zusammen. Wir unterhalten uns längere Zeit über die Veranstaltung, die er im letzten Jahr mit seinen Freunden Gerd und Günther ins Leben gerufen hat: den PUM. Hinter diesem recht harmlos klingenden Namen verbirgt sich der Piesberg Ultramarathon, ein Lauf über etwas mehr als 54 Kilometer und mit 1200 Höhenmetern. Das absolut Besondere am PUM sind allerdings die 3102 Treppenstufen, die am Piesberg bei Osnabrück rauf und runter geklettert werden müssen.

Als ich im letzten Jahr am ersten PUM teilnahm, ging ich unverhoffter Dinge an den Start. Dass ich dann acht Stunden und zwanzig Minuten für die 54 Kilometer brauchen würde, hätte ich nie vorher gedacht. Und dass ich auf der Rückfahrt mit unseren Lauffreunden Roland und Helmut starke Krämpfe in den Schienbeinen bekommen würde, auch nicht. An einer Straßenkreuzung waren die Krämpfe so stark, dass ich nicht weiter fahren konnte. Ich hielt an, kämpfte mich aus der Fahrertür und klammerte mich an der Tür und am Autodach fest. Dabei stand ich im 90-Grad-Winkel in Sitzstellung und vor Schmerzen schreiend neben der offenen Tür und wusste mir nicht zu helfen. Meine beiden Mitfahrer hielten sich die Bäuche vor Lachen, was mir auch nicht wirklich weiter half. Schließlich kam Helmut auf die rettende Idee. Er schoss ein Foto von mir, wie ich laut jammernd mit Tränen in den Augen neben dem Auto stand. Nun musste ich ebenfalls darüber lachen und nach ein paar Minuten vergingen auch die Krämpfe wieder.

Als HaWe mich dann fragt, ob ich in zwei Wochen erneut am PUM teilnehmen möchte, muss ich leider verneinen. Ich habe in Kürze noch etwas Längeres vor und da kann ich keine Schienbeinkrämpfe in der Vorbereitung gebrauchen.

Ein paar Runden später laufe ich einige Zeit mit Gerd zusammen und wir fachsimpeln über Laufschuhe und sonstige Laufausrüstung. Dabei erzähle ich ihm, dass meine ersten Laufschuhe die blauen Weichgummitreter der Bundeswehr waren, die ich Ende der Achtziger bekommen habe. Die Sohle war so weich, dass man bei jedem Schritt das Gefühl hatte, als würde man auf Weingummi laufen. Ein paar Jahre später hatte ich diese Laufschuhe immer noch. Und als ich mal mit einigen Kollegen eine 3-Kilometer-Runde durch unseren Wald in diesen Tretern gedreht habe, fühlte sich ein Kumpel, der in einem Sanitätshaus arbeitete, durch den Anblick meiner Schuhe berufen, uns danach einen Überblick über richtige

Laufschuhe zu geben. Als ich damals hörte, dass ein Paar Laufschuhe mehr als 200 DM kostet, konnte ich mir nicht vorstellen, das jemals zu bezahlen. Heute habe ich mindestens vier Paar gleichzeitig in Benutzung. Ein Paar leichte, zwei Paar normale und ein Paar Trailschuhe. Wie schon gesagt: So ändert sich im Laufe der Zeit die Einstellung zu diversen Dingen.

Gerd unterbricht mich und verabschiedet sich mal kurz auf die Dixi-Toilette. 20 Meter weiter ist der Verpflegungsstand und ich tanke mal wieder Cola nach und esse ein paar Gummibärchen. Heute laufe ich nicht mehr wie *auf* Weingummi, aber immer noch gerne *mit* Weingummi.

Als ich wieder loslaufe, ist Gerd schon wieder neben mir. Ich staune, denn das waren höchstens ein paar Augenblicke. Ich spreche ihn darauf an, dass er doch eigentlich zum Dixi wollte. Er schaut mich an und antwortet:

»Das war ein 20-Sekunden-Schnellschiss! Alles Übung!«

Ich pruste vor Lachen laut los und nehme mir vor, diesen Vorgang auch mal mehr zu trainieren. Bei mir kosten die Dixi-Pausen immer viel mehr Zeit.

Irgendwann läuft Daniela auf mich auf und wir unterhalten uns über unsere Laufpläne der nächsten Zeit. Sie hat ebenfalls einige Laufabenteuer geplant und als ich von meinem in Kürze anstehenden Großprojekt an der Ruhr erzähle, bietet sie mir an, mich dabei zu unterstützen. Darüber freue ich mich sehr, denn ich brauche dafür ein eigenes zuverlässiges Support-Team. Wir laufen nun die letzten anderthalb Stunden gemeinsam durch die Kaserne und bestätigen uns gegenseitig mehrfach, dass wir beide *lauf*verrückt sind. Dabei überschreiten wir irgendwann erst die Marathonmarke und später auch die 50-Kilometer-Grenze. Die Pflicht ist geschafft. Jetzt kommt nur noch die Kür.

Als wir schließlich noch zehn Minuten zu laufen haben und an der Rundenzählung ankommen, wird uns ein gelber, mit Sand gefüllter Ballon gereicht, den wir nun mitnehmen müssen. Ich überlege, ob ich noch eine ganze Runde schaffe, und entschließe mich dazu, es zu versuchen. Ich verabschiede mich für kurze Zeit von Daniela und gebe noch mal etwas Gas, so gut es geht. Das macht zwar keinen wirklichen Sinn, aber so ist das manchmal. Man versucht noch den Roten da vorne einzuholen oder noch unter irgendeiner Zeit ins Ziel zu kommen. Oder eben noch eine ganze Runde zu schaffen. So holt sich jeder auf seine Weise die Motivation für die letzten Meter.

Ich laufe jetzt meine schnellste Runde heute und schaffe es tatsächlich nochmal über die Rundenzählung. 100 Meter weiter ertönt dann der Countdown über die Lautsprecheranlage. Christian zählt die letzten Sekunden runter und ein Hupton beendet die sechs Stunden.

Ich bleibe stehen und lasse meinen gelben Sandballon fallen. Bis hierhin und nicht weiter. Mein Garmin verrät es mir schon und die spätere Auswertung inklusive der letzten Restmeter bis zum Sandballon bestätigt es, dass ich heute gut 53 Kilometer geschafft habe. Damit bin ich mehr als zufrieden.

Am Verpflegungsstand trudeln nun nach und nach alle Teilnehmer ein und genießen das reichhaltige Angebot. Je nachdem, wo auf der Runde sie gerade bei Ende der sechs Stunden waren, müssen sie noch mehr oder weniger weit gehen. Die große Familie kommt nun zusammen und feiert das Ende der Veranstaltung. Wir stoßen mit alkoholfreiem Pott's Weizenbier an und gratulieren uns zu unseren gelaufenen Kilometern. Bei einem 6-h-Lauf ist das Ende anders als bei normalen Laufveranstaltungen. Alle Teilnehmer sind eben gleichzeitig fertig.

Ich schnappe mir eine der bereitgestellten Wasserflaschen und schlendere wieder zum Auto. Dort gönne ich mir eine »Katzenwäsche« und nutze dazu zusätzlich die vorher verteilten feuchten Tücher. Das muss eben heute mal reichen. Leitungswasser gibt es auf dem stillgelegten Kasernengelände nun mal nicht mehr.

Wieder frisch gemacht schlendern wir erneut zum Offiziersheim und genießen das Abschlussessen, das heute aus einer leckeren Gulaschsuppe besteht. Danach folgt die Siegerehrung, bei der Volker aus Unna den Veranstaltungsrekord auf über 80 gelaufene Kilometer hochschraubt. Darüber bin ich wirklich beeindruckt. Das bekomme ich auch mit kürzeren Dixi-Pausen nicht hin.

Zum Abschluss bekommen wir unsere Medaille in Form einer Bundeswehr-»Hundemarke«. Sie bekommt wie die bisherigen »Hundemarken« der vergangenen 6-h-Läufe einen Ehrenplatz in meiner Sammlung.

Später auf der Rückfahrt muss ich darüber schmunzeln, dass ich heute so viel über meine Bundeswehrzeit nachgedacht habe. Viele lustige Erinnerungen. Aber das lässt sich wohl nicht vermeiden, wenn man sechs Stunden lang in einer Kaserne im Kreis läuft.

Immer mit der Ruhr

Wir sind auf der Geburtstagsfeier eines Lauffreundes und genießen den Abend mit netten Plaudereien über unser Hobby, da die meisten anderen Gäste ebenfalls Laufsportler sind. Es wird viel gefachsimpelt und die eine oder andere lustige Anekdote ist zu hören.

Einer der Gäste ist Jens, der Veranstalter eines der längsten Ein-Etappen-Läufe Deutschlands: der TorTour de Ruhr. Es geht dabei über drei verschiedene Streckenlängen immer den Ruhrtal-Radweg direkt neben der Ruhr entlang. Die längste Disziplin startet in Winterberg an der Ruhrquelle und geht über die komplette Flusslänge von 230 Kilometern. Dazu gibt es eine Mitteldistanz über 100 Meilen oder 160,9 Kilometer. Die dritte und kürzeste Strecke ist der »Bambinilauf« über 100 Kilometer. Alle drei Strecken enden an einer riesengroßen, orangen Stahlbramme, die Anfang der neunziger Jahre an der Ruhrmündung in den Boden gerammt wurde. Sie heißt Rheinorange und ist eine 25 Meter hohe Landmarke und gleichzeitig ein Symbol für die Stahlindustrie des Ruhrgebiets.

Erst vor ein paar Wochen hat Jens die TorTour de Ruhr mit seinem Team veranstaltet und er erzählt von der vielen Arbeit bei der Organisation und von der Begeisterung der Teilnehmer, mitlaufen zu dürfen. Wir haben im Netz mitbekommen, dass die Teilnehmer mächtig stolz waren, überhaupt dabei zu sein, denn das Teilnehmerfeld ist stark begrenzt. Man kann sich auch nicht so einfach mal anmelden, wie das sonst üblich ist. Nein, man muss Jens kennen.

Oder man muss von jemandem vorgeschlagen werden, der dort schon mal mitgelaufen ist. Oder man muss sonstige Beziehungen haben. Sich einfach mal anzumelden, klappt nicht.

Bei der letzten Ausgabe vor ein paar Wochen sind Marion und ich an den Ruhrtal-Radweg gefahren. Wir wollten sehen, was das für Typen sind, die sich solch eine lange Strecke unter die Sohlen nehmen. Wir mussten lange warten, bis wir überhaupt mal einen Läufer entdeckten. Und uns wurde damals klar, dass das ein ganz schön einsames Rennen ist. Bei so einer langen Strecke zieht sich das Läuferfeld unendlich auseinander. Jens berichtet später, dass zwischen dem ersten und dem letzten Teilnehmer durchaus ein Abstand von rund 100 Kilometern sein kann. Er erzählt viele Geschichten von der TorTour, die alle irgendwie aus einer anderen Welt zu sein scheinen. Die Distanzen und damit verbundenen Zeiten sind so verrückt, dass man sie gar nicht glauben kann. Der letzte Teilnehmer war immerhin mehr als 40 Stunden unterwegs.

Ich höre Jens' Berichten gespannt und mit aufstehendem Mund zu. Dabei bemerke ich Marions Seitenblicke. Sie beobachtet mich und weiß wohl genau, was in mir gerade vorgeht. Ein Funken entzündet sich. Man bekommt einen Startplatz nur über Beziehungen oder über persönlichen Kontakt zu Jens. Und ich unterhalte mich gerade mit ihm. Wenn das kein persönlicher Kontakt ist?

Ich schaue Marion noch mal kurz in die Augen, aber sie weiß sowieso schon, wie das hier endet. Und dann frage ich Jens nach einem Startplatz bei der nächsten TorTour. Sie ist erst in zwei Jahren wieder und ich hätte noch genug Zeit für das Training. Jens fragt mich, was ich schon so an Langen gemacht habe, und ich berichte von meinen 24-h-Läufen und von meiner Teilnahme am Triple Marathon. Nach Jens' Meinung habe ich auf der 230-Kilometer-Distanz damit keine Chance. Dabei meint er nicht die Chance zu gewinnen sondern überhaupt ins Ziel zu kommen. Er empfiehlt mir die 100 Meilen und selbst dabei hat er Bedenken.

Ein wenig bin ich enttäuscht darüber, dass er mir die komplette Distanz nicht zutraut. Als ich ihm sage, ich würde mich trotzdem gerne an den 230 Kilometern versuchen, lächelt er vor sich hin und denkt wahrscheinlich: Der nächste Spinner, der sich maßlos überschätzt. Da die Anmeldung aber erst in einem Jahr geöffnet wird, habe ich ja noch lange Zeit, darüber nachzudenken.

In den kommenden 12 Monaten laufe ich wie gewohnt weiter und nehme an einigen Marathons, Ultramarathons oder 6-h-Läufen teil. Auch der ma2ma von Welver nach Neuss über 137 Kilometer ist dabei und ich bekomme ein Gefühl dafür, wie lang der Radweg an der Ruhr wirklich ist. Nach dem ma2ma müsste ich nochmal rund 100 Kilometer laufen. Das ist für mich einfach nicht machbar. Und als endlich die Mail von Jens kommt, mit der Aufforderung sich anzumelden, bin ich sicher, dass die 230 Kilometer für mich zu lang sind. Daher nehme ich den Rat von Jens an und melde mich für die 100 Meilen an. Das wird auch so mein Langstreckenrekord. 160,9 Kilometer. So weit bin ich noch nie gelaufen.

Ich habe nun ein Jahr Zeit, mich auf die TorTour de Ruhr vorzubereiten. Aber wie trainiert man für einen Lauf über 160,9 Kilometer? Ich habe keine Ahnung und so laufe ich einfach jede Menge lange Läufe und nehme an vielen Marathons oder Ultras teil. Dafür mache ich mit Marion zusammen einen Plan für das ganze Jahr. Ich laufe an drei aufeinanderfolgenden Wochenenden Marathons oder Ultras und danach kommt ein Ausruhwochenende. Und das Ganze über einen Zeitraum von neun Monaten. Erzählen kann man das eigentlich niemandem, ohne als laufsüchtig abgestempelt zu werden, denn das hört sich schon ziemlich verrückt an. Aber ein bisschen verrückt darf man ruhig sein. Damit kann ich gut leben.

Die nächsten Monate vergehen und ich arbeite unseren gemeinsam aufgestellten Plan ab. Da es über die Wintermonate nicht genügend Veranstaltungen gibt, um dreimal pro Monat einen ohne großen Aufwand erreichbaren Marathon zu laufen, veranstalten wir einfach in unregelmäßigen Abständen selbst welche. So bleibe ich im Plan und erreiche nach und nach einen Zustand, in dem das regelmäßige Laufen eines Marathons im Wochenabstand etwas Normales wird. Wenn mir jemand in meinen ersten Laufjahren erzählt hätte, wie und in welcher Frequenz ich heute Marathons laufe, hätte ich ihm einen gehörigen Lattenschuss bescheinigt.

In regelmäßigen Abständen kommen Newsletter von Jens, in denen er über die Fortschritte in der Planung und Organisation der TorTour berichtet. Unter anderem erinnert er daran, dass jeder Teilnehmer ein aktuelles, ärztliches Attest haben muss, das die Tauglichkeit bescheinigt, an einem Ultramarathon teilzunehmen. Dafür liefert er einen Vordruck mit, den ein Arzt nur zu unterschreiben braucht.

Ich sehe da überhaupt kein Problem, bei meinem Hausarzt solch eine Unterschrift zu bekommen, denn er weiß auch ohne spezielle Untersuchung, dass ich recht fit bin. Als ich mal einen Tag Urlaub habe, gehe ich einfach zu ihm in die Praxis und sage ihm, was ich von ihm möchte:

»Ich benötige eine Sportuntersuchung und eine Unterschrift auf diesem Formular!«

»Zeigen Sie mal her. Was ist das denn hier oben für ein Logo?«

»Das ist das Logo der TorTour de Ruhr!«

»TorTour de Ruhr? Tortur? Was ist das denn?«

»Das ist ein Ultramarathon!«

Da mein Hausarzt weiß, dass ich recht viel laufe, mache ich mir in diesem Moment noch keine Gedanken.

»Ein Ultramarathon? Einen Marathon kenne ich. Aber was ist ein Ultramarathon?«

»Das ist ein Lauf, der länger als ein Marathon ist!«

»Was heißt das? Länger als ein Marathon? Wie viel länger? Wie lang ist denn diese Veranstaltung? Diese Tor-Tour.«

Mein Arzt hält den Vordruck in der Hand und schaut mich erwartungsvoll an. Mir wird gerade klar, dass ich es mir wohl einfacher vorgestellt habe, als es wirklich wird. Aber ich bleibe bei der Wahrheit:

»100 Meilen. Das sind knapp 161 Kilometer!«

Mein Arzt sagt erst kurz gar nichts. Dann steht er auf, fängt an zu stottern und gibt mir die Hand:

»Herr Pachura, das geht nicht… kann ich nicht verantworten… 100 Meilen… ne, das geht nicht… das ist doch… überhaupt… das kann ich nicht… das muss ein Kollege… versuchen Sie es mal woanders… bis zum nächsten Mal… alles Gute… auf Wiedersehen!«

Dabei begleitet er mich zur Tür, gibt mir den Vordruck wieder und verabschiedet sich von mir mit den Worten:

»Der Nächste bitte!«

Ich stehe im Flur der Praxis und bekomme einen Lachanfall. Mein Arzt war total überfordert damit, dass ich einen so langen Lauf machen möchte, und hat mich quasi rausgeschmissen. Eigentlich eine sehr lustige Situation. Nur leider wird mir direkt bewusst, dass ich jetzt ein Problem habe. Ich habe immer noch keine Bescheinigung.

Zu Hause telefoniere ich mehrere Ärzte ab und bemerke, dass es gar nicht so einfach werden wird, die erforderliche Bescheinigung zu bekommen. Der Eine macht es gar nicht. Der Nächste macht es sehr kompliziert und will mich noch zu allen möglichen Spezialisten schicken. Doch dann finde ich einen Arzt, der mein Vorhaben nicht für so verrückt hält und der mir die Bescheinigung ausfüllen möchte, wenn ich sie denn verdiene.

Ich mache einen Termin und nach einer anderthalbstündigen Untersuchung inklusive einem ausgiebigen Belastungs-EKG, einer Blutdruckmessung unter Belastung und einer kleinen Hafenrundfahrt bin ich um die gewünschte Bescheinigung reicher. Und um knapp 100 Euro ärmer.

Die nächste Aufgabe, die sich mir neben dem Training stellt, ist das Aufstellen eines eigenen Versorgungsteams. Die offiziellen Versorgungs- und Meldestellen bei der TorTour sind im Abstand von 30 bis 50 Kilometern. Das ist viel zu weit, um nur mit diesem Angebot über die Strecke zu kommen. So muss jeder Teilnehmer sein eigenes Supportteam dabei haben, das ihn zu jeder Zeit unterstützen und versorgen kann. Selbst wenn mal ein offizieller Versorgungspunkt nicht oder nicht mehr besetzt ist, muss es weiter gehen. Jeder Teilnehmer muss ganz autark die Strecke bewältigen können und seine eigene Verpflegung in der Nähe haben. Entweder löst man diese Aufgabe mit einem Radbegleiter oder mit einem Team, das mit dem Auto immer in der Nähe ist, Stück für Stück vorfährt und jeweils als nächster Anlaufpunkt zur Verfügung steht.

Ich entscheide mich für die zweite Variante, da ich mir nicht vorstellen kann, stundenlang mit einem Radbegleiter an der Seite durch die Gegend zu traben. Ich bin beim Laufen gerne allein und hatte dieses »Problem« ja schon auf der dritten Etappe des Triple Marathons. Damals war ich allerdings später in der Dunkelheit unendlich froh, dass die Radfahrer in meiner Nähe waren. Aber warum sollte man aus Erfahrungen lernen?

Mein Supportteam stellt sich unerwartet schnell zusammen. Alle, die ich frage, freuen sich und sind stolz, bei der TorTour dabei zu sein. Wenn auch nur als Supporter. Der TorTour eilt ihr Ruf voraus. Und so habe ich zügig fünf Lauffreunde zusammen, die mich über die 100 Meilen bringen wollen. Mein ganz persönliches Supportteam. Krissy und Wolfgang, Daniela, Arno und natürlich Marion werden dafür sorgen, dass ich unterwegs nicht hungern oder dursten muss. Nur Laufen muss ich wohl alleine. Da kann mir niemand helfen.

Für den 1. Mai ist ein Treffen mit meinem Supportteam auf unserer Terrasse geplant. Wir wollen uns bei einer leckeren Bratwurst zusammensetzen und über die TorTour reden. Dafür suche ich auf der Internetseite der TorTour eine Liste mit möglichen Treffpunkten heraus, die ich dann für jeden Supporter ausdrucke und bereitlege. Beim Betrachten der Streckenbeschreibung und der Streckenkarte bekomme ich eine Gänsehaut. Ich kann mir nicht wirklich vorstellen, mich über eine so lange Strecke zu Fuß durch das Sauerland und durchs Ruhrgebiet zu bewegen.

Als wir dann am Mai-Feiertag zusammensitzen und über mein großes Laufabenteuer philosophieren, wird es langsam aber sicher ernst. Wir sprechen die Treffpunkte ab und wer wann wen wo ablöst, so dass meine Versorgung durchgängig gewährleistet ist. Nach dem Treffen sind wir uns sicher, dass es für uns alle ein großes Abenteuer wird.

In unregelmäßigen Abständen erhalte ich Newsletter von Jens, in denen er uns noch einige wichtige Dinge erläutert. Sie sind recht umfangreich und enthalten viele Details, an die ich denken muss. Diese Vielzahl von Informationen über mitzunehmende Dinge, Streckenumleitungen wegen Steinschlaggefahr und der Einführungsschleife von 14 Kilometern am Startort Neheim erzeugen in mir eine Unruhe, die mich nun nicht mehr verlässt.

Auch die Erkältung, die Marion rund drei Wochen vor dem großen Tag heimsucht, erzeugt in mir weitere Aufregung. Ich will mich nicht noch kurz vorher anstecken. Aber was will man machen? Wenn es einen erwischt, erwischt es einen. Zum Glück geht es gut und ich überstehe die Zeit ohne eine jetzt absolut überflüssige Erkältung.

Die letzte Woche bricht an und ich komme nun in die Endphase meiner Vorbereitung. Immer öfter schaue ich mir die Streckenkarte an und versuche mir wichtige Eckdaten einzuprägen. Aber um mir die Strecke zu merken, ist sie viel zu lang. Ich werde der Beschilderung vertrauen müssen. Doch beim ma2ma im letzten Jahr habe ich festgestellt, dass die Radwegbeschilderung manchmal nicht eindeutig ist oder dass einfach mal an irgendeiner Stelle ein Schild fehlt. Dann wird es schwierig, den richtigen Weg zu finden.

Auf der Internetseite der TorTour finde ich Links zu GPS-Daten, die man sich auf seine Laufuhr laden kann. Ich habe das noch nie vorher gemacht, aber da ich vor EDV keine Angst habe, setze ich mich am Montagabend mal eben an meinen Rechner und versuche, die Daten auf meine Uhr zu bekommen.

Nachdem ich Treiber und Software runtergeladen und installiert habe, schließe ich meine Uhr an. Das erste, das sie macht, ist das Übermitteln sämtlicher Streckendaten aller

Läufe, die ich jemals mit der Uhr gemacht habe. Und das ist eine ganze Menge. Dieser Vorgang dauert knapp vier Stunden und somit bis nach Mitternacht. Ich beschließe daher, den Upload der TorTour-Streckendaten auf morgen zu verschieben.

Am Dienstagabend nach der Arbeit, setze ich mich direkt wieder an den Rechner und versuche nun, die Streckendaten auf die Uhr zu bekommen. Nach unendlichen Fehlversuchen, forschen in allen möglichen Foren und einigen Hilferufen per Mail gebe ich weit nach Mitternacht auf. Dabei bin ich mir nicht wirklich sicher, ob mir nicht einfach genügend Schlaf viel besser täte, als das Rumfummeln an meiner Laufuhr.

Auch den kompletten Mittwochabend verbringe ich mit meinem Computer und meiner Uhr. Die GPS-Daten wollen einfach nicht mit mir mitlaufen und so verabschiede ich mich wiederum weit nach 0:00 Uhr von dem Gedanken, mich von meiner Uhr über die Strecke navigieren zu lassen. Das hätte ich Blödmann auch mal ein paar Wochen vorher testen können. Ich werde jetzt nach den Schildern laufen. Außerdem hat Jens ja geschrieben, dass jeder Teilnehmer Kartenmaterial zur Verfügung gestellt bekommt. Hoffentlich ist das kein Shell-Atlas, den ich dann beim Laufen mitschleppen muss.

An den letzten beiden Abenden gönne ich mir nun Ruhe und versuche, ausreichend vorzuschlafen, was aber gar nicht so einfach ist, denn ich grüble über eine Besonderheit der Streckenführung nach, die mir beim intensiven Beschäftigen mit den GPS-Daten und der Strecke an den letzten Abenden aufgefallen ist. Die gesamte Strecke über 100 Meilen weist nur gut 600 Höhenmeter auf. Auf den ersten 14 Kilometern der Einführungsschleife werden davon aber schon rund 210 Höhenmeter abgearbeitet. Das heißt, dass die ersten Kilometer wohl schon ordentlich anstrengend werden. Warum die Strecke so ausgewählt wurde, weiß ich nicht. Aber Jens hat mir gegenüber ja schon vor zwei Jahren erwähnt, dass die TorTour de Ruhr kein Kindergeburtstag ist. Ich wollte es ja so. Also muss ich da nun durch.

Die Spannung wird an den letzten zwei Tagen vor der TorTour immer noch größer. Ich halte es kaum noch aus, so aufgeregt bin ich. Was mir allerdings zusätzlich zu meinen Sorgen um die Streckenführung auf den Magen schlägt, ist der Wetterbericht für das kommende Wochenende. Es werden die heißesten Tage des Jahres. Bis zu 35 Grad sind vorhergesagt. Da die TorTour immer auf Pfingsten ausgetragen wird, freuen sich die meisten Menschen über das tolle Feiertagswetter. Für unseren Ultralauf sind das allerdings nicht so gute Voraussetzungen. So lange und so weit zu laufen, ist schon eine riesige Herausforderung. Nun auch noch bei weit über 30 Grad wird das Wochenende wohl wahrlich zur Tortur.

Am Samstag verbringe ich den Tag damit, auf der Couch zu liegen und Kräfte zu sparen. Ich habe den Fernseher an und schaue irgendeinen Quatsch, der mich überhaupt nicht interessiert. Draußen ist das herrlichste Wetter, wenn man nicht gerade 100 Meilen laufen möchte. Schwimmen im Freibad wäre heute nicht schlecht. Oder ein Besuch im Eiscafé. Ich setze mehrfach kurz einen Fuß auf unsere Terrasse, verschwinde aber sofort wieder in der Wohnung, weil es in der Sonne überhaupt nicht auszuhalten ist. Dabei denke ich an die TorTour-Starter, die sich die komplette Strecke von 230 Kilometern vorgenommen haben. Sie sind bereits seit heute Morgen um 8 Uhr unterwegs. Unglaublich. Ich verstehe nicht, wie sie das durchhalten können.

Nach und nach packe ich meine Tasche mit allen möglichen Laufutensilien. Dazu kommt meine Kiste mit Ess- und

Trinkbarem. Immer wieder fällt mir irgendetwas ein, das ich dann noch in meiner Tasche verstaue oder in die Versorgungskiste stopfe. Genauso oft schaue ich immer wieder alles durch. Hoffentlich habe ich nichts Wichtiges vergessen.

Meine Crew-Mitglieder bekommen eine letzte SMS und dann fahren Marion und ich endlich gegen 15:45 Uhr nach Neheim. Ich kann mich nicht erinnern, dass ich mal vor einem Lauf so aufgeregt war, und so bin ich froh darüber, dass Marion unseren Wagen fährt und ich nur daneben sitzen brauche. Das Abenteuer »TorTour de Ruhr« beginnt.

Als wir in Neheim ankommen, entdecken wir einige Personen, die schnell als Läufer zu erkennen sind. Manche haben bereits ihre schwarzweißen TorTour-Shirts an. Sie sitzen auf Campingstühlen an ihren Autos im Schatten und warten. Auch einige gute Bekannte sind dabei und wir begrüßen uns herzlich. Nach ein paar gewechselten Worten bin ich mir sicher, dass ich heute nicht der einzige bin, der es vor Aufregung nicht mehr aushält.

In einem Nebengebäude finde ich Jens und die Verpflegungsstelle VP82. Für die Starter der kompletten Strecke ist hier tatsächlich schon der Kilometer 82 und in diesem Moment höre ich draußen vor dem Gebäude lauten Beifall. Dieser gilt einem Läufer, der gerade ankommt und sich nun stärken möchte. Er sieht schon ziemlich erschöpft aus und ich mache mir klar, dass er schon seit heute früh den ganzen Tag durch die Hitze gelaufen ist. Bei der Vorstellung, welche Strecke er noch vor sich hat, wird mir ganz komisch zumute. Und noch mehr bei dem Gedanken daran, dass ich von hier aus das Gleiche laufen will.

Ich bekomme von Jens meine Startunterlagen, mein TorTour-Shirt und die bestellten Gummi-Armbändchen dazu. Außerdem drückt er mir einen anderthalb Zentimeter dicken

Wanderführer in die Hand. Das ist das Kartenmaterial, das für die Läufer ohne GPS-Uhr mitzuführen ist. Wenn man einen Radbegleiter hat, ist das auch kein Problem. Da ich aber mit Autosupport unterwegs sein werde, verstaue ich das ganze Zeug inklusive Wanderführer im Kofferraum unseres Wagens und verabschiede mich von dem Gedanken, irgendeine Hilfe beim Suchen der Strecke zu haben. Der Wanderführer ist zwar kein Shell-Atlas, aber ich kann das dicke Ding unmöglich in meinem Trinkrucksack oder in der Hand mitschleppen. Ich vertraue mich halt wieder wie beim ma2ma der Ausschilderung an. Das wird schon klappen.

Während wir nun auf unseren Start warten, kommt immer mal wieder ein Läufer oder eine Läuferin der 230er hier am VP82 an. Zwischen ihnen sind große Abstände und ich erinnere mich daran, dass Jens vor zwei Jahren gesagt hatte, dass der Abstand vom ersten zum letzten Läufer im Ziel in Duisburg riesig ist. Hier kann man das schon gut erahnen, obwohl es noch so weit und so lange bis zum Rheinorange ist.

In regelmäßigen Abständen trinke ich Wasser und bleibe im Schatten, damit ich nicht schon beim Warten auf den Start ausdörre. Um kurz vor 18 Uhr kommen wir dann endlich alle zusammen und stellen uns für ein Gruppenbild auf. Jens gibt uns noch ein paar wichtige Hinweise mit auf den Weg und dann schlendern wir die wenigen hundert Meter bis zum Startpunkt des 100-Meilen-Laufs an der Möhne entlang. Sie mündet bereits in geringer Entfernung in die Ruhr, aber wir haben ja vorher noch unsere Einführungsschleife, um auf die 100 Meilen zu kommen. Diese Schleife verläuft zum größten Teil durch das Möhnetal und daher stellen wir uns nun mit der Ruhr im Rücken an die unsichtbare Startlinie.

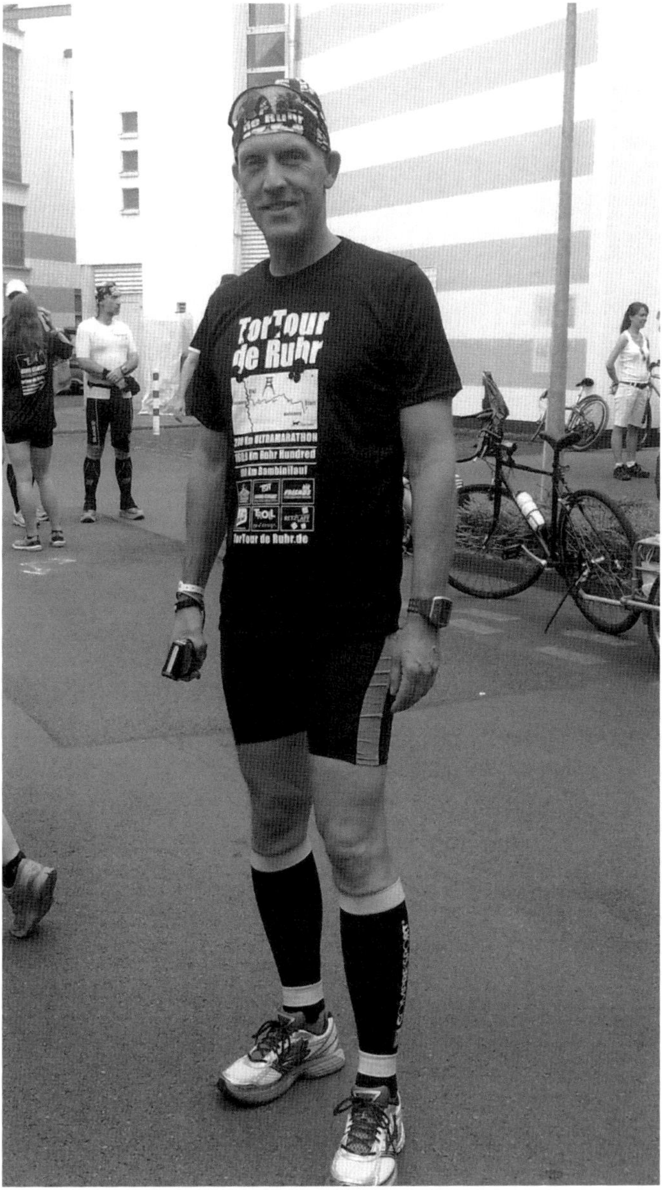
TorTour
de Ruhr
ULTRAMARATHON
TorTour de Ruhr.de

Hier wird uns zum allerletzten Mal die genaue Streckenführung der Einführungsschleife erklärt und ich halte es inzwischen vor Aufregung nicht mehr aus. Dabei wundere ich mich selbst darüber, wie rappelig ich bin. Was ist eigentlich das Besondere an der TorTour? Die lange Strecke allein kann das nicht sein. Vielleicht bekomme ich es in den nächsten Stunden noch raus.

Ich verabschiede mich vorerst von Marion. Dann zählen wir von zehn runter und es geht endlich los. Die TorTour de Ruhr beginnt.

Auf den ersten Schritten mache ich mir Gedanken darüber, wie lange ich nun laufen muss oder besser will. Und wie weit. Darüber darf ich jetzt gar nicht weiter nachdenken, sonst bleibe ich einfach stehen. Also konzentriere ich mich ab jetzt einfach auf meine aktuelle Etappe. Sie ist 14 Kilometer lang und endet da, wo wir gerade gestartet sind. Für uns ist der VP82 dann der VP14.

Wir laufen in einer langen Schlange über einen Radweg an der Möhne entlang. Dann wird die Strecke plötzlich sehr trailig und die Läuferschlange zieht sich schnell auseinander. Ein paar Minuten später sind die Abstände zwischen uns schon richtig groß und ab jetzt läuft hier jeder sein eigenes Rennen.

Nach kurzer Zeit komme ich an eine lange Steigung, die mir bekannt vorkommt. Als mir klar wird, woher ich diesen Anstieg kenne, wird mir mulmig zumute. Das ist ein Stück der Strecke des Höinger Heidelaufs. Eines Volkslaufs, der sich damit brüstet, der härteste 10-Kilometer-Lauf im Kreis Soest zu sein. Der Härteste wegen eben dieser langen Steigung. Und genau da muss ich nun hoch.

Ich schnaufe und ächze den langen, steilen Anstieg hinauf. Dabei schwitze ich aus vollen Rohren und frage mich, was das soll. Warum schicken sie uns diesen Berg rauf? Oben angekommen zeigt die Wegmarkierung zweimal nach rechts und dann geht es direkt wieder steil nach unten in das Möhnetal hinunter. Unglaublich. Die Wegführung hatte wirklich keinen anderen Sinn, als uns deutlich zu machen, was auf uns zukommt. Die TorTour wird eine Tortur und eben kein Kindergeburtstag.

Unten angekommen laufe ich auf Thomas, einen weiteren TorTouristen auf. Er hat einen Radbegleiter dabei, der immer an seiner Seite ist und ihn zu jeder Zeit versorgen kann. Die nächsten Kilometer laufen wir zusammen. Doch als die Wegstrecke wieder sehr trailig wird und sogar umgestürzte Bäume den Weg versperren, verlieren wir uns, da der Radbegleiter die Hindernisse nicht so schnell überwinden kann. Das ein oder andere Wegstück besteht hier zusätzlich aus knöcheltiefem Schlamm. Meine neuen, gerade erst eingelaufenen Schuhe erkenne ich kaum wieder. Hoffentlich läuft sich der Dreck wieder weg.

Nach rund zwei Stunden komme ich endlich wieder an unserem Startpunkt in Neheim an. Ich melde mich kurz am VP14 und werde auf einer Liste abgehakt. Danach trinke ich zwei Becher Cola und suche dann unser Auto. Hier warten bereits sowohl Marion als auch Krissy und Wolfgang auf mich, die ab hier meine Versorgung übernehmen wollen. Wenn ich ehrlich zu mir selbst bin, fühle ich mich schon sehr erschöpft. Die Quälerei nach Höingen hinauf und das Klettern über Baumstämme und über die schlammige Wegstrecke haben ganz schön viel Kraft gekostet. Dazu ist es immer noch sehr warm und ich koche unter meinem Buff. Wie soll ich noch so lange laufen können? Ich bin jetzt schon k. o. und irgendwie immer noch am Startpunkt.

Ich stärke mich am Auto nochmal mit einem Schluck Cola und hole mir danach einen Stein aus einem Schuh, den ich mir auf der trailigen Strecke eingefangen habe. Normalerweise brauche ich das nicht und ich laufe auf normalen Veranstaltungen mit einem Steinchen im Schuh einfach weiter. Aber auf so einer langen Distanz möchte ich nicht mit Druckstellen oder Wunden an den Füßen zu kämpfen haben. Das wird auch so schon hart genug.

Marion verabschiedet sich nun vorerst. Sie möchte nach Hause fahren und ein paar Stündchen schlafen. Morgen will sie dann den ganzen Tag bis spät abends meinen Support übernehmen und möchte dafür wenigstens einigermaßen ausgeschlafen sein. Sie gibt mir einen Abschiedskuss und ein paar gute Wünsche für die Nacht und entlässt mich nun auf den Ruhrtalradweg.

Der nächste Treffpunkt mit Krissy und Wolfgang ist bei Km 20. Das ist nicht so weit und ich trabe nun mit gemischten Gefühlen den Radweg entlang. Hoffentlich fühlt sich das Laufen gleich wieder besser an. Nach wenigen hundert Metern komme ich an die Möhnemündung und von nun an laufe ich nur noch durch das Ruhrtal. Die Beschilderung ist deutlich zu erkennen und der Weg ist sehr gut zu belaufen. Kein Vergleich mit der trailigen Strecke und den steilen Anstiegen vorhin.

So vergeht die Zeit. Hier und da laufe ich auf einen anderen TorTouristen auf, der schon seit heute Morgen auf der 230er Strecke ist. Und ab und zu werde ich von jemandem überholt. Aber meistens bin ich einfach allein. So trabe ich in einem lockeren Tempo an der Ruhr entlang und denke nicht weiter darüber nach, wie weit ich noch laufen will. Die tiefstehende Sonne scheint mir ins Gesicht und es ist eigentlich immer noch zu warm zum Laufen.

Nach einiger Zeit sehe ich plötzlich vor mir einen mit Wasser geschriebenen Schriftzug auf dem Radweg. »Go Frank« steht auf dem Boden und ich nehme das als Motivation auf, obwohl ich gar nicht weiß, ob ich damit überhaupt gemeint bin. Erst nach ein paar Tagen erfahre ich von unserer Lauffreundin Bettina, dass sie mit ihrem Sohn auf der Strecke war und mich leider verpasst hat. Aber ihren mit einer Wasserpistole gespritzten Motivationsschub habe ich zum Glück wahrgenommen, bevor er sich durch die Abendsonne in Luft aufgelöst hat.

Am nächsten Treffpunkt stehen Krissy und Wolfgang schon bereit. In ihrem offenen Kofferraum wartet nicht nur meine eigene Verpflegung auf mich. Die beiden haben in der Zwischenzeit bei einem Italiener zu Abend gegessen und mir ein Stückchen Pizza mitgebracht, das ich nun laut schmatzend genieße.

Ich entledige mich des Buffs, da die Abendsonne nun langsam aushaltbar wird, und laufe weiter. Immer noch meistens allein und durchweg Ausschau haltend nach der Beschilderung. Die Zeit und die Kilometer vergehen nur langsam und ich trabe immer weiter durch das Ruhrtal.

So komme ich nach einiger Zeit in Wickede an. Hier warten wieder Krissy und Wolfgang verabredungsgemäß auf mich. Schon von weitem entdecke ich bei den beiden eine dritte Person. Daniela ist auch schon eingetroffen und so werde ich ab jetzt von drei Supportern versorgt. Ich stärke mich erneut mit Cola und Weingummi und bemerke dabei, dass das hier genau die Stelle ist, an der Marion und ich vor zwei Jahren die verrückten TorTouristen bewundert haben. Und nun bin ich selbst einer.

Es wird nun dunkel und in den nächsten Stunden laufe ich mit Stirn- und Taschenlampe ausgestattet durch die

Nacht. Alle sechs bis acht Kilometer wartet mein Supportteam auf mich und nach einer kurzen Versorgungspause trabe ich wieder allein weiter. Die Strecke wirkt in der Dunkelheit noch leerer. Ich sehe kaum mal einen anderen Teilnehmer und auch normale Passanten sind zu so später Stunde nicht mehr unterwegs. Die Temperatur ist inzwischen aushaltbar und mein gutes Laufgefühl ist wiedergekommen. Es läuft.

Nach einiger Zeit bemerke ich jedoch eine unangenehme Hitze in meinem Körper. Irgendwie fühle ich mich kochend an, so als hätte ich Fieber. Während ich mich über diese Tatsache noch wundere, bemerke ich plötzlich den Grund dafür. Ich schwitze nicht mehr. Das ist für mich sehr ungewöhnlich, da ich eigentlich schon bei der geringsten Anstrengung stark transpiriere. Das kann nur daran liegen, dass ich inzwischen schon erheblich unterversorgt bin. Beim nächsten Versorgungsstopp trinke ich daher viel mehr, als mein Durst es zulässt. Mit Glucksen im Bauch trabe ich danach weiter, bis nach nur einem Kilometer der nächste offizielle VP in Sicht kommt. Er ist gut ausgeleuchtet und reich bestückt. Obwohl mein Bauch bis oben hin mit Flüssigkeit gefüllt ist, trinke ich noch eine Flasche Malzbier. Als ich danach weiter trabe, muss ich immer wieder laut aufstoßen. Dabei kommt mir der Bierschaum mehrfach hoch und sprudelt mir aus dem Mund. Gut, dass es dunkel ist und ich meist allein bin. Einen Werbefilm für den gesunden Laufsport könnte man mit mir im Moment nicht drehen.

Es ist nun schon weit nach Mitternacht und ich laufe weiter den Radweg entlang, immer die Augen nach Wegweisern aufhaltend und weiterhin meist allein. Inzwischen schwitze ich wieder. Die Druckbetankung vorhin scheint geholfen zu haben. Hier und da treffe ich mal einen anderen Läufer oder einen Radbegleiter, der auf der Suche nach seinem Schützling ist. Das stundenlange Sitzen auf einem Fahrradsattel ist ebenfalls eine große Leistung. Da passiert es hin und wieder, dass ein Radler für ein paar Minuten aus dem Sattel steigt und sich die Beine vertreten möchte und dass er dabei den Kontakt zu seinem Läufer verliert.

In einem kleinen Örtchen laufe ich auf einen anderen TorTouristen auf und wir traben einige Zeit gemütlich quatschend nebeneinander her. Nach dem Überqueren eines Bahnübergangs bleibt er plötzlich stehen und fragt mich, ob wir noch auf der richtigen Strecke sind. Ich wundere mich über seine Frage, denn ich habe keinen Wegweiser bemerkt und bin mir sicher, dass wir richtig sind. Seine Verunsicherung ist aber so groß, dass wir umdrehen und die Strecke rückwärts ablaufen. Nach erneutem Überqueren des Bahnübergangs finden wir tatsächlich einen Wegweiser, den wir vorhin übersehen haben. Das nenne ich Glück. Ich wäre allein noch wer weiß wie weit gelaufen, bis ich mich irgendwann mal darüber gewundert hätte, dass keine Schilder mehr kommen. Am nächsten Treffpunkt mit meiner Crew verlieren wir uns aber wieder aus den Augen und so bin ich danach wieder allein.

Der Radweg verläuft nun ein Stückchen durch ein Waldstück. Es ist hier noch dunkler als es sowieso schon ist. Überall um mich herum raschelt es und irgendwelche Tiere fühlen sich durch mein Geschnaufe und meine beiden Lampen gestört. Ich erschrecke mehrfach und versuche daher, etwas Gas zu geben und möglichst schnell dieses gruselige Wegstück hinter mich zu lassen. Als ich schließlich wieder in offenem Gelände bin und etwas mehr sehe, nehme ich mein altes Tempo wieder auf und bin froh darüber, ein Mann zu sein. Als Frau hätte ich mich nicht so unerschrocken und mutig den Gefahren dieses einsamen Waldweges gestellt.

Ich fühle mich langsam etwas müde, doch das Laufen klappt immer noch ganz gut. Nur mein Magen hat inzwischen mal wieder den Dienst eingestellt, wie er das bei langen Distanzen gerne mal macht. An den Verpflegungsstopps trinke ich nur noch große Mengen Wasser und Cola. Essen kann ich nur noch wenig. Feste Nahrung will mein Bauch nicht mehr haben. Daniela, Krissy und Wolfgang haben sich inzwischen auf einem Gaskocher ein Süppchen gekocht und bieten mir bei einer Pause davon an. Leckere, salzige Suppe täte mir wahrscheinlich jetzt richtig gut, aber mein Bauch möchte nicht. Und bevor ich gleich wieder laut rülpsend und würgend durch die Gegend trabe, bleibe ich lieber bei dem, von dem ich weiß, dass ich es vertrage.

Mir wird inzwischen klar, dass das Bewältigen der Nacht in erster Linie Kopfsache ist. Das Laufen funktioniert noch gut. Die Energieversorgung mit Cola und Wasser klappt. Allein die Zeit vergeht nicht so wirklich. Ich mache mir schon seit einiger Zeit Gedanken. Warum laufe ich so eine Distanz überhaupt? So weit? So lange? Mit so großem Aufwand? Warum? Bin ich auf der Suche nach Herausforderungen? Nach einem großen Abenteuer? Und wie geht das weiter? Was kommt wohl als nächstes? Fragen über Fragen. Und sie schwirren mir immer wieder durch den Kopf, während ich stundenlang allein durch die Dunkelheit trabe. Zu einem richtigen Ergebnis komme ich allerdings nicht. Wahrscheinlich habe ich nicht nur im Magen keine ausreichende Blutversorgung mehr. Auch der Kopf scheint nicht mehr gewohnt zu arbeiten. Vielleicht sind die Antworten auf meine Fragen aber auch gar nicht so leicht zu finden.

Nach einiger Zeit komme ich an ein Schild mit einem Hinweis auf eine Umleitung. Am Hengsteysee im Süden Dortmunds ist schon seit einiger Zeit ein Stück des Ruhrtalradweges gesperrt, da an mehreren Stellen Steinschlaggefahr besteht. Es gibt eine offiziell ausgeschilderte Umleitung und ich verlasse nun für ein paar Kilometer die Ruhr. Der nächste Versorgungspunkt heißt für mich VP62 und er befindet sich direkt am Ufer des Sees. Bis zum Km 62 ist es laut meinem Garmin nicht mehr weit und ich freue mich darüber, dass ich es bis um 4 Uhr bis dorthin schaffen werde. Zu diesem Zeitpunkt starten dort die 100-Kilometer-Läufer und ich werde sie noch zu sehen bekommen. Dann bin ich nicht mehr so allein auf der dunklen Strecke.

Ich trabe nun durch um diese Uhrzeit verlassene Gewerbegebiete Hagens und berechne immer wieder neu mein Eintreffen bei Km 62. Das müsste noch passen. Als ich dann um kurz vor 4 Uhr die ersehnten 62 Kilometer auf der Uhr habe, aber immer noch irgendwo in Hagen bin, weiß ich, dass ich die 100-Kilometer-Läufer nicht mehr sehen werde. Wahrscheinlich ist die Bezeichnung VP62 nach der eigentlichen Strecke ohne die Umleitung gewählt. Etwas enttäuscht laufe ich weiter, bemerke dann, dass es endlich zu dämmern beginnt und dass ich nach 69 Kilometern tatsächlich am Hengsteysee ankomme. Aber wo ist der Verpflegungspunkt?

Ich bleibe an einer großen Straßenbrücke stehen. Auf der anderen Seeseite thront Kaiser Wilhelm oben an der Hohensyburg auf seinem Denkmal. Unten am gegenüber liegenden Seeufer ertönen laute Musik und noch lautere Stimmen. Das könnte der VP62 sein. Wer soll das sonst so früh am Morgen sein? Soll ich über die Brücke laufen? Ein Schild sehe ich hier nicht. Ich bleibe stehen und denke darüber nach, was ich nun mache. Mehrere weitere Läufer laufen auf mich auf und wir grübeln nun gemeinsam darüber nach, ob wir ohne Wegweiser über den See laufen oder nicht.

Wir entschließen uns dazu, erst einmal in verschiedene Richtungen auszuschwärmen und nach einem Schild zu suchen. Plötzlich ruft einer meiner Mitläufer, dass er einen Wegweiser gefunden hat. Dieser zeigt aber eindeutig nicht nach gegenüber. Sehr komisch. Der Trubel auf der anderen Seeseite um kurz vor 5 Uhr morgens ist wohl tatsächlich nicht der gesuchte VP62. Also laufen wir der Beschilderung weiter nach und kurze Zeit später stehen meine drei Supporter am Wegesrand und zeigen mir, wo der lang ersehnte VP62 zu finden ist. Ich habe nun 70 Kilometer auf der Uhr und bin erst beim VP62. Das werden wohl heute mehr als 100 Meilen.

Der VP befindet sich in einem Gebäude, aber hier ist nicht mehr viel los. Das meiste an Verpflegung ist abgeräumt oder aufgegessen und ich muss erst noch jemanden suchen, der mich auf der Teilnehmerliste abhakt. Die 100-Kilometer-Läufer haben es sich hier wohl vor ihrem Start gut gehen lassen. Es wird auch schon aufgeräumt und ich komme mir vor wie früh morgens in einer Kneipe, wenn der Wirt Feierabend machen möchte. Bin ich denn wirklich schon so weit hinten? Bin ich so langsam? Meiner Meinung nach müssten noch einige TorTouristen hinter mir sein. Ich zweifle und mache mir Gedanken darüber, ob ich überhaupt noch im Zeitlimit bin. So trinke ich schnell ein Schlückchen Cola, esse drei Weintrauben und bin dann schon wieder draußen.

Arno ist nun auch zu uns gestoßen. Er war bis gerade auf einer Hochzeitsfeier und sieht sehr müde aus. Ich bekomme ein schlechtes Gewissen, weil er sich nun für mich noch ein paar zusätzliche Stunden um die Ohren schlagen möchte. Wie soll ich das nur alles wieder gut machen? Krissy und Wolfgang fahren nun nach der langen Nacht nach Hause und legen sich erst einmal aufs Ohr. Daniela übernimmt mit Arno für die nächsten Stunden meine Versorgung. Der nächste Treffpunkt wird wieder abgesprochen und schon geht es weiter.

Es ist nun schon richtig hell und der neue Tag beginnt. Die Morgenluft ist nicht zu warm und das Laufen fühlt sich jetzt eigentlich richtig gut an, obwohl ich schon so lange unterwegs bin.

In Herdecke stehe ich plötzlich vor einem Bauzaun, der den Radweg versperrt. Hier ist eine größere Baustelle. Der Radweg wird hier neu gemacht und wir müssten eigentlich einen Umweg laufen. Eigentlich. Ich quetsche mich durch eine Lücke zwischen den Zaunelementen und trabe über Sandhaufen und an Paletten mit Pflastersteinen vorbei. Sogar einen kleinen Bachlauf, über den demnächst eine Brücke führen wird, muss ich überwinden, ohne nasse Füße zu bekommen. Am hinteren Ende der Baustelle muss ich erst eine Stelle suchen, an der ich durch den Zaun komme. Endlich finde ich eine Lücke und bin danach wieder auf dem normalen Radweg. Das Ganze hat ein paar Minuten gekostet, aber Zeit spielt für mich hier heute überhaupt keine Rolle. Ich möchte nur heute Abend irgendwann in Duisburg am Rheinorange ankommen und finishen. Mehr nicht.

Es geht weiter an der Ruhr entlang bis zum Harkortsee. Hier bekomme ich einen wunderschönen Sonnenaufgang geboten. Der See schimmert rosa und türkis, das Wasser ist ganz ruhig, ein paar Enten schwimmen dahin und Vögel zwitschern irgendwo in den Bäumen. Obwohl ich nun doch langsam schwere Beine bekomme, kann ich diese Atmosphäre sehr genießen. Das ist einer der Gründe, warum ich Laufsportler geworden bin. Mein ganz privates, eigenes Erleben der Natur.

Ich bin nun schon länger als 12 Stunden unterwegs und trabe durch den Morgen. Daniela und Arno versorgen mich weiter und stellen mir immer wieder an unseren Treffpunkten einen kleinen Campinghocker bereit. Ich genieße inzwischen das kurze Sitzen. Nur das Hochkommen von diesem kleinen Hocker fällt mit immer schwerer.

Der Radweg verläuft weiter durch das Ruhrtal. Er wechselt immer mal wieder die Flussseite und ich weiß schon lange nicht mehr, wie oft ich die Ruhr inzwischen überquert habe. So nach und nach kommen mir erste Radfahrer entgegen. Oder sie nähern sich von hinten und wenn sie sich nicht durch Klingeln bemerkbar machen, erschrecke ich manchmal sehr. Den einen oder anderen TorTour-Teilnehmer treffe ich immer mal wieder. Manche verliere ich aus den Augen und sehe sie auch nicht wieder. So vergeht die Zeit und ich stelle irgendwann fest, dass der Wetterbericht nicht zu viel versprochen hat. Es wird richtig heiß heute.

An einem nächsten Treffpunkt mit meiner Crew steht plötzlich Marion mit einer Kanne frischen Kaffee vor uns. Sie hat heute Nacht geschlafen und ist nun bereit, meinen Support für den restlichen Tag bis in die Nacht hinein zu übernehmen. Ich bin schon so lange unterwegs und inzwischen recht erschöpft. Als Marion mich fragt, wie weit ich denn schon gelaufen bin, erschrecke ich beim Blick auf meine GPS-Uhr, denn ich habe erst etwas mehr als die Hälfte der 100 Meilen geschafft. Das kann ja noch was geben heute. Der orange Pinn in Duisburg ist noch so weit weg.

231

Nach jeder Verpflegungspause komme ich nun immer schlechter wieder in Gang. Die ersten Schritte nach dem kurzen Sitzen schmerzen fürchterlich, aber nach ein paar Metern läuft es wieder einigermaßen rund.

Ich komme an den Kemnader Stausee und sehe schon von weitem mein Support-Team. Ein Läufer in einem grünen Shirt steht dabei. Erst als ich näher komme, erkenne ich ihn. Es ist mein Namensvetter aus Wattenscheid und ich freue mich, als ich erfahre, dass er mich unbedingt ein paar Kilometer begleiten will. Wir hatten vor kurzem ein paar Mails gewechselt und er hatte mich gefragt, wann ich wohl hier ankomme. Da ich aber auf so einer langen Strecke überhaupt nicht absehen konnte, wann ich wo bin, hatte ich keine Antwort auf seine Frage. So ist er heute Morgen schon um 3:30 Uhr aufgestanden und treibt sich seitdem hier am See herum. Noch so ein Verrückter.

Daniela verabschiedet sich nun von uns. Auch sie ist total müde und möchte jetzt nur noch nach Hause und schnell ins Bett. Ich melde mich kurz beim nächsten offiziellen VP und lasse mich wieder abhaken. Dann laufe ich mit Frank zusammen weiter.

Mein Bauch brummelt schon seit einiger Zeit und ich brauche in Kürze entweder einen Busch, hinter dem ich mich mal verziehen kann, oder einen Straßenbegrenzungspfosten. Da der Radweg aber immer stärker frequentiert wird, ist die Lösung dieses Problems gar nicht so einfach, und ich schiebe diese Aktion immer weiter vor mir her. Zum Glück laufen wir nach ein paar Kilometern an einer Baustelle vorbei, an der ich mal kurz in einem Dixi verschwinden kann. Das nenne ich Glück.

Frank ist ein angenehmer Laufpartner. Er übernimmt das Ausweichen, wenn uns Radfahrer begegnen, da ich so viel

Koordination nicht mehr aufbringe. Und er ist ein ruhiger Typ, der nicht so viel redet. Außerdem passt er sich meinem inzwischen langsamen Tempo an und zieht mich nicht.

Die Ruhr schlängelt sich in großen Schleifen durch die hier offene Landschaft. Wir traben weiter auf dem Radweg entlang und es wird immer heißer. Schatten gibt es nicht viel und mein Kopf beginnt nun richtig zu brennen. Ich müsste mir eigentlich unbedingt meinen Buff wieder aufsetzen, kann mir aber überhaupt nicht vorstellen, jetzt irgendetwas auf dem Kopf zu haben. Ich brauche Kühlung und genieße jeden Luftzug und jeden Windhauch. Da ich der Sonne mit meiner modischen Kurzhaarfrisur aber eine große Angriffsfläche biete, bekomme ich langsam aber sicher einen Hitzestau. Ich träume davon, meinen Kopf in den Fluss zu tauchen. Leider scheitert dieses Vorhaben daran, dass ich mich dazu am Ufer hinhocken müsste. Das kann ich meinen Beinen nicht mehr zumuten. Wahrscheinlich würde ich ohne Kontrolle komplett reinfallen und bis nach Duisburg durch den Fluss treiben. Obwohl die Idee gar nicht so schlecht wäre. Dann bräuchte ich nicht mehr so weit zu laufen.

Frank verabschiedet sich am nächsten VP von uns. Er hat es von hier aus nicht mehr so weit bis nach Hause und trabt nun davon. Ich lasse mich wieder auf der Liste abhaken und erfahre, dass schon recht viele ausgestiegen sind. Auch die heutige Hitze hat bereits weitere Opfer gekostet.

Ich trabe weiter und komme endlich zum Baldeneysee. Es ist inzwischen nachmittags und die Hitze wird immer unerträglicher. Wir haben weit mehr als 30 Grad und strahlend blauen Himmel. Ich träume davon zu baden, zu tauchen oder mir einfach einen vollen Wassereimer über den Kopf zu schütten. Es ist noch so weit bis zum Rheinorange. Bis ich dort ankomme, bin ich gar gekocht.

Während ich so vor mich hinträume, stelle ich plötzlich fest, dass ich gar nicht mehr laufe sondern gehe. Ich trabe wieder an, aber das fällt mir sehr schwer. Meine Beine tun weh, die Fußsohlen brennen. Und wunde Stellen im Schritt habe ich sowieso schon länger. Von meiner heißen Birne ganz zu schweigen. Ich wollte doch meinen Buff wieder aufsetzen. Oder meinen Kopf in den Fluss stecken. Warum mache ich das nicht einfach mal? Arno oder Marion könnten mir doch dabei helfen und aufpassen, dass ich nicht reinfalle. Aber immer, wenn ich an unseren Verpflegungstreffpunkten bin, vergesse ich alles, woran ich vorher gedacht habe. Ich glaube, ich bin langsam aber sicher einfach fertig.

Hier am Baldeneysee ist die Strecke nun noch voller. Jede Menge Spaziergänger, Radfahrer, Inliner, sogar Motorradfahrer sind heute unterwegs. Für einen Ausflug an den See bietet sich das schöne Wetter ja auch förmlich an.

Unter einer Brücke befindet sich der nächste offizielle VP. Hier entdecke ich ein Schild mit dem Aufdruck »Ab hier nur noch ein Marathon!«. Nur noch. Wie soll ich das schaffen? Einen ganzen Marathon muss ich noch laufen und ich bin bereits gar gekocht. Der Verpflegungsstand ist aber noch voll bestückt und die Besatzung ist fröhlich und muntert mich auf. Ich stärke mich wieder mit Cola und etwas Obst und ärgere mich darüber, dass mein Magen nun wirklich komplett zu ist. Hier gibt es so viele Leckereien, die ich leider alle nicht mehr genießen kann.

Nur noch ein Marathon! Nur noch ein Marathon! Diesen Gedanken bekomme ich nicht mehr aus dem Kopf, während ich weiter gehe. Gehe? Ja, ich gehe wieder. Ich kann nicht mehr. Ich trabe immer mal wieder an, schaffe es aber nur noch, ein paar hundert Meter zu laufen. Dann verfalle ich erneut ins Gehen, ob ich will oder nicht. Auf diese Art schaffe ich nun überhaupt kein Tempo mehr. Ich lasse mir meine Pace auf meiner Uhr anzeigen und versuche auszurechnen, wie lange ich noch für die letzten 40 Kilometer brauche. Beim Blick auf meine GPS-Uhr entdecke ich, dass ich schon viel weiter sein müsste. Das sind die zusätzlichen Kilometer durch die Umleitung in Hagen und das Verlaufen in der Nacht. Dass ich nicht 161 Kilometer sondern ungefähr 170 Kilometer zurücklegen muss, macht mich auch nicht wirklich zuversichtlicher. Aber ich schaffe das. Ich werde die TorTour finishen. Ich werde an der blöden orangen Stahlplatte ankommen und meine Urkunde und die Gürtelschnalle in Empfang nehmen. Ach ja. Die Gürtelschnalle. Die hatte ich ganz vergessen. Jeder 230er- und 161er-TorTourist bekommt im Ziel eine Gürtelschnalle. Die will ich in der nächsten Woche auf der Arbeit tragen und damit vor meinen Kollegen posen. Ich brauche also nur noch einen knappen Marathon zu laufen. Apropos laufen. Ich gehe schon wieder. Oh Mann… ich kann nicht mehr.

Am nächsten Treffpunkt unter einer Brücke falle ich auf unseren Stuhl und bin ganz apathisch. Marion füllt meinen Trinkrucksack wieder auf und Arno versucht mir zu erklären, wo ich nun herlaufen muss. Ich bin jedoch überhaupt nicht mehr in der Lage, seinen Worten zu folgen. Auch als er sich nun verabschiedet und nach Hause fahren möchte, schaffe ich es nicht, mich gebührend bei ihm zu bedanken. Ich bin irgendwie nicht mehr richtig da. Mir tut einfach alles weh und ich fühle mich, als hätte ich Fieber. Ich koche. Wie ein Häufchen sitze ich auf dem Stuhl und frage mich, wie ich hier jemals wieder aufstehen soll. Aber ich will zum Rheinorange. Zum orangen Pinn. Ich will da hin. Ich will ankommen.

Endlich denke ich mal daran, mich neu einzufetten. Das ist aber nun viel zu spät. Ich bin überall wund. Die Nähte meiner Unterhose scheuern auf der aufgeweichten Haut herum und erzeugen Schmerzen. Ich stemme mich wieder aus dem Stuhl und versuche erneut anzulaufen. Aber keine Chance. Ich gehe also wieder erst einmal und versuche, mein Laufwerk damit nochmals rund zu bekommen. Die wunden Stellen in meinem Schritt tun mir jetzt richtig weh und ich zupfe an meiner Hose herum. Das sieht zwar komisch aus, ist mir aber vollkommen egal. Sollen die Passanten doch von mir denken, was sie wollen.

Nach einem Kilometer stehe ich vor einem Werktor. Ich drehe durch. Ich habe mich nochmal verlaufen und muss nun wieder zurück. Hilfe. Ich kann nicht mehr. Ich gehe wieder zurück und suche verzweifelt das nächste Schild. Es ist keins zu sehen. Krampfhaft versuche ich mich daran zu erinnern, was Arno mir vorhin versucht hat, zu erklären. Aber keine Chance. Das ging in meinen Kopf nicht mehr rein. Wegen Blutarmut und Überhitzung geschlossen.

Endlich entdecke ich die richtige Strecke und bin wieder auf dem Radweg. Eine Kopfbedeckung habe ich immer noch nicht auf, da ich sie wieder bei Marion vergessen habe. So suche ich jeden Zentimeter Schatten, den ich nutzen kann. Nur viel mehr als ein paar Zentimeter sind auch gar nicht zu finden. Das meiste der Strecke liegt voll in der Sonne und die brennt immer noch vom Himmel.

Die Gehstücke werden immer länger. Wenn ich mal wieder versuche, etwas zu laufen, stakse ich mit steifen Beinen den Weg entlang. Wie eine Marionette eiere ich dann über den Radweg und zupfe dabei weiter an meiner Hose rum. Ich könnte heulen. Aber ich kämpfe. Ich denke an Rocky Balboa. Der würde nicht aufgeben. Der steht immer wieder auf. Ich werde beißen. Ich schaffe das.

Mein Tempo wird immer langsamer. Die Kilometer werden immer länger. Und ich komme überhaupt nicht mehr richtig vorwärts. Da sehe ich in der Ferne eine große Brücke über das hier sehr weite Tal. Das ist die Ruhrtalbrücke der A52, eine Brücke mit einem sehr negativen Image, denn hier ist schon das ein oder andere Schlimme passiert. Ich arbeite mich marschierend oder eher schleichend auf die Brücke zu. Bevor ich sie erreiche, biegt der Radweg allerdings nach links in eine kleine Ortschaft ab. Hier gelange ich an den letzten VP und auch hier entdecke ich ein Schild, dieses Mal mit der Aufschrift »Noch 23 Kilometer«. Marion erwartet mich bereits und versucht, mich zu motivieren:

»Nur noch 23 Kilometer. Das ist doch gar nicht mehr weit! Das schaffst Du!«

Ja. Ich schaffe das. Ich halte durch. Und wenn ich mitten in der Nacht allein ankomme. Ganz egal. Ich kämpfe.

An der Verpflegungsstelle trinke ich Cola und Wasser. Auch einen Becher Malzbier versuche ich mal wieder, weil ich Cola inzwischen nicht mehr sehen kann. Essen kann ich nichts mehr. Damit ist nun endgültig Schluss.

Nach einem kurzen Aufenthalt ohne Sitzpause marschiere ich weiter. Langsam. Sehr langsam. Ich schaue wieder auf meine GPS-Uhr und auf meine Pace. Da steht irgendwas mit 15. Das heißt, ich schaffe noch ungefähr 4 Kilometer in der Stunde. Und ich muss noch 23 Kilometer gehen. Den Begriff *Laufen* verwende ich besser gar nicht mehr. Ich bin einfach fertig.

Nach ein paar hundert Metern verlasse ich die Ortschaft wieder und bin erneut in offener, weiter, schattenloser Landschaft. Die Abendsonne brennt mir genau ins Gesicht und heizt meine sowieso schon kochende Birne noch mehr auf. Das Fiebergefühl geht nun überhaupt nicht mehr weg und ich schwitze stark, obwohl ich nur noch durch die Gegend schleiche. Dabei beginne ich wieder zu rechnen. 20 Kilometer muss ich noch ungefähr gehen. Ein Blick auf meine Uhr zeigt mir, dass ich noch langsamer geworden bin. Das ist jetzt schon Schaufensterbummelgeschwindigkeit. Selbst bei 4 km/h würde ich noch mindestens fünf Stunden benötigen. Das heißt, ich käme ungefähr um 2:00 oder 3:00 Uhr nachts in Duisburg an. Dann ist es lange dunkel und ich muss nochmal nachts die Wegweiser suchen. Ich glaube nicht, dass ich dazu noch in der Lage bin. Ob meine Beine die fünf Stunden aushalten werden, ist dazu noch eine ganz andere Frage.

Aber ich gebe nicht auf. Ich doch nicht. Nein. Ich gehe weiter. Ich muss ja nicht unbedingt noch laufen. Ich kann die TorTour auch zu Ende gehen. Das schaffe ich auf jeden Fall. Ich gehe die Strecke zu Ende. Bis zum orangen Pinn. Und wenn ich da bin, setze ich mich davor auf den Boden und lass mich feiern. Auch wenn ich nachts ganz allein dort ankomme. Dann feiere ich eben mit Marion allein. So weit ist es doch gar nicht mehr. Ich bin schon so lange unterwegs. Ich höre doch nicht jetzt so kurz vor dem Ziel auf. Ich doch nicht.

Ich werde noch langsamer und schleiche nur noch wie ein Zombie durch die Abendsonne. Und das nicht nur vom Tempo her sondern auch vom Aussehen. Die Strecke verläuft jetzt über einen kleinen Damm. In der Ferne kann ich Marion erkennen. Sie winkt und wartet auf mich. Nur noch ein paar hundert Meter. Dann bin ich bei ihr und kann etwas trinken. Aber ich habe gar keinen Durst mehr. Ein Blick auf meine Uhr zeigt mir eine 18er Pace. Oh, mein Gott. 18 Minuten pro Kilometer. Ich werde immer langsamer.

Marion kommt überhaupt nicht näher. Ich watschle über den Damm und habe Tränen in den Augen. Ich bin fertig. Ich kann nicht mehr. Und ich will nicht mehr. Doch. Ich kämpfe noch. Ich gebe nicht auf. Ich schaffe das. Ich gehe bis zum orangen Pinn.

Als ich nach einer gefühlten Ewigkeit bei Marion ankomme, will ich ihr sagen, dass ich fertig bin, bekomme aber keinen Ton heraus. Mir steckt ein Kloß im Hals und ich stottere nur ein paar Wortfetzen heraus. Marion schaut mir sorgenvoll in die Augen und sagt:

»Du siehst scheiße aus!«

Ich kann keinen klaren Gedanken fassen und versuche trotzdem, jetzt eine Entscheidung zu treffen. Was soll ich machen? Meine Crew hat so tapfer durchgehalten. Sie haben sich die Nacht um die Ohren geschlagen. Nur für mich. Und ich kann doch nicht der sein, der jetzt aufgibt. Ich würde alle enttäuschen. Nein, das geht nicht. Das geht gar nicht. Überhaupt nicht. Ich muss weiter. Zum Rheinorange. Zum Ziel.

Und dann drücke ich auf die Stopp-Taste meiner Uhr und kann es selbst nicht fassen, was ich gerade gemacht habe. Ich gebe auf. Ich breche ab. Ich werde die TorTour de Ruhr nicht finishen.

Marion sieht mich ungläubig aber sichtlich erleichtert an und fragt:

»Hörst Du auf?«

Ich nicke und kann im Moment nichts weiter sagen. Der Kloß im Hals wird noch dicker und die Augen werden noch feuchter. Ich habe fertig!

Marion bringt mich zu unserem Auto. Ich schwanke neben ihr her und kann es nicht fassen. Ich habe echt gerade aufgehört. Nach 150,7 Kilometern und 27 Stunden und 6 Minuten breche ich die TorTour ab. Ich werde heute am Rheinorange nicht mehr ankommen. Körper und Geist haben ihren Dienst eingestellt. Ich bekomme keine Verpflegung mehr rein und selbst gehen kann ich nur noch im Schneckentempo. Jetzt ist Schluss.

Marion führt mich zu unserem Auto und ich lasse mich auf den Beifahrersitz fallen. Unser Auto ist schwarz und steht schon den ganzen Tag in der Sonne. Im Innern herrschen bestimmt mehr als 40 Grad und ich fange trotzdem an zu zittern. Ich habe starken Schüttelfrost und friere und schwitze gleichzeitig. Das nennt man, glaube ich, Sonnenstich. Marion deckt mich mit einer dicken Wolldecke zu. Das ist total verrückt. Bei dieser Hitze liege ich unter der Decke und friere. Ich bin fertig. Flasche leer.

So liege ich eine Zeit lang im Auto und friere und schwitze vor mich hin. Marion hockt vor der offenen Tür und macht sich Sorgen. Nach ein paar Minuten geht es mir aber schon wieder etwas besser und ich trinke ein paar Schlucke Wasser. Dann nehme ich mein Handy und rufe Jens an, um mich abzumelden. Er ist sichtlich traurig darüber, dass ich aufhören muss. Aber wenn nichts mehr geht, geht nichts mehr.

Ich schnalle mich an, klappe meinen Sitz etwas nach hinten und Marion fährt los. Wir wollen eigentlich noch nach Duisburg zum Rheinorange fahren, denn ich möchte das Ziel wenigstens noch sehen. Nach einer Minute Fahrt bin ich aber schon eingeschlafen und bekomme von der Fahrt überhaupt nichts mehr mit. Bis zum Rheinorange kann man nicht mit dem Auto fahren und die letzten anderthalb Kilometer muss man zu Fuß gehen. Als wir dort ankommen, ist das erste Problem, dass ich die anderthalb Kilometer zu Fuß überhaupt nicht mehr schaffen würde. Das zweite noch größere Problem ist, dass Marion mich gar nicht wach bekommt. Also entschließt sie sich, einfach nach Hause zu fahren. Das Abenteuer TorTour de Ruhr ist beendet.

Ich werde erst wieder mehr oder weniger wach, als das Brummen des Automotors in unserer Garage aufhört. Ich schleppe mich in die Wohnung, ziehe mich aus und lasse meine Sachen einfach auf dem Boden liegen. Wenigstens duschen möchte ich noch. Das Wasser erzeugt aber elektrisierende Gefühle auf meiner Haut und nach einer Katzenwäsche verschwinde ich sofort ins Bett.

Am nächsten Mittag nach einem 12-stündigen, bewusstlosigkeitsähnlichen Schlaf sitzen wir beim Frühstück und unterhalten uns über das abgebrochene Laufabenteuer. Ich trage mein TorTour-Shirt und habe immer noch das Gummi-Armband am Handgelenk, obwohl ich nicht genisht habe. War es richtig, abzubrechen? Hatte ich überhaupt noch die Wahl? Oder war ich so fertig, dass ich gar nicht weiter gekommen wäre? Eine abschließende Antwort auf diese Fragen habe ich nicht. Was ich aber weiß, ist, dass die Gesundheit immer Vorrang hat. Kämpfen und sich durchbeißen gehört zum Ultralauf dazu. Aber an irgendeiner Grenze hat es nichts mehr mit Kampfgeist zu tun. Dann muss die Vernunft siegen. Und bei mir war gestern dieser Punkt erreicht. Trotzdem muss ich das Wochenende in den nächsten Tagen noch lange verdauen. Ich denke noch oft darüber nach. Hätte ich noch kämpfen können? Wäre ich noch irgendwann in der Nacht am Rheinorange angekommen? Wahrscheinlich nicht. Auf jeden Fall habe ich einen für mich persönlichen kilometer- und zeitmäßigen Langstreckenrekord aufgestellt. So weit und so lange war ich noch nie vorher laufend unterwegs. Und so fertig wie nach diesen 150,7 Kilometern war ich ebenfalls noch nie.

Mit der TorTour de Ruhr habe ich nun noch eine Rechnung auf. In zwei Jahren bei besserem Wetter mit noch mehr Training starte ich vielleicht noch einmal. Aber bis dahin ist es ja noch ein wenig Zeit. Also… immer mit der Ruhr.

Ziellinie

Wir sind nun am Ende angekommen. Aber nur am Ende dieses Buches, denn unsere Lauferei geht immer weiter. Wohin sie uns noch führt und wie weit sie uns noch bringt, wird das Leben zeigen.

Laufen ist alles andere als langweilig. Im Gegenteil. Es ist spannend und immer wieder neu. Und ganz nebenbei ist Laufen auch noch gesund. Man ist als Laufsportler fitter, agiler, selbstbewusster, ausdauernder, entspannter, ausgeglichener, erfolgreicher, belastbarer, schlanker, und und und... Was wollen wir eigentlich mehr?

Ich hoffe, ich konnte mit meinen Geschichten deutlich machen, was das Laufen für uns bedeutet. Unser Sport ist für uns eine Lebenseinstellung und nicht nur Freude an der Bewegung. Wir werden weiter laufen, immer auf der Suche nach tollen Erlebnissen, nach außergewöhnlichen Erfahrungen und nach neuen Grenzen. Wir werden neue Eindrücke sammeln, die tollsten Landschaften bewundern, neue Menschen kennenlernen und alte Bekannte wiedertreffen. Irgendwo und oft unerwartet. Darauf freuen wir uns.

Laufen ist unser Leben.

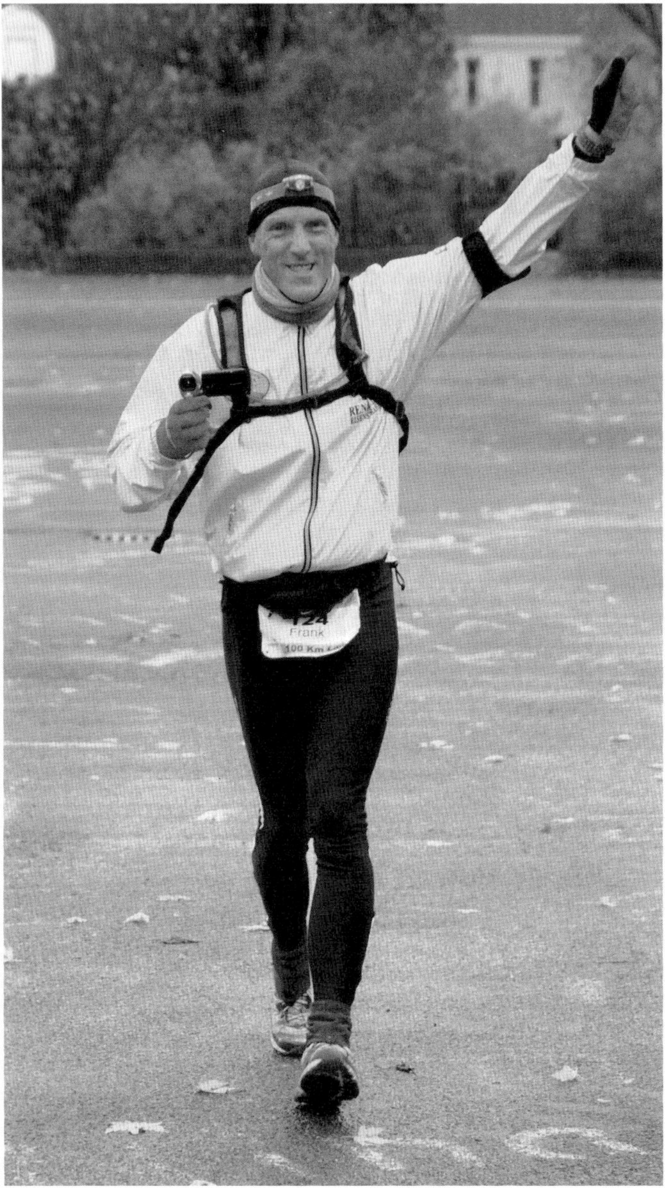
124
Frank
100 Km